ALUMNI

MIKE HOLLINGSHEAD | ERIC NGUYEN

STURMJÄGER

Im Auge des Tornados

Eric Nguyen starb im September 2007. Dieses Buch präsentiert die eindrucksvollsten Ergebnisse von Erics Arbeit. Und seine Arbeit war sein Leben, die Jagd nach Stürmen und Tornados auf den Great Plains im Mittleren Westen der USA. Seine Familie und seine Freunde haben ihn viel zu früh verloren, aber auf der Tornado Alley wird er immer mit uns reisen.

Amos Magliocco

Die Deutsche Bibliothek verzeichnet diese Publikation in der Deutschen Nationalbibliografie; detaillierte bibliografische Daten sind im Internet über http://dnb.ddb.de abrufbar.

Originaltitel: *Adventures in Tornado Alley – The Storm Chasers*

Texte: Mike Hollingshead und Eric Nguyen
Einführung: Dr. Chuck Doswell
Fotos: Mike Hollingshead und Eric Nguyen
Konzeptionelle Betreuung: Ruby Quince

Aus dem Englischen von Klaus Pemsel

Lektorat: Ulrich Mayer, München
Herstellung und Satz: Büro Sieveking, München
Umschlaggestaltung: HildenDesign, München
Gesamtherstellung: GeraNova Bruckmann Verlagshaus GmbH
ISBN 978-3-95416-047-1

INHALT

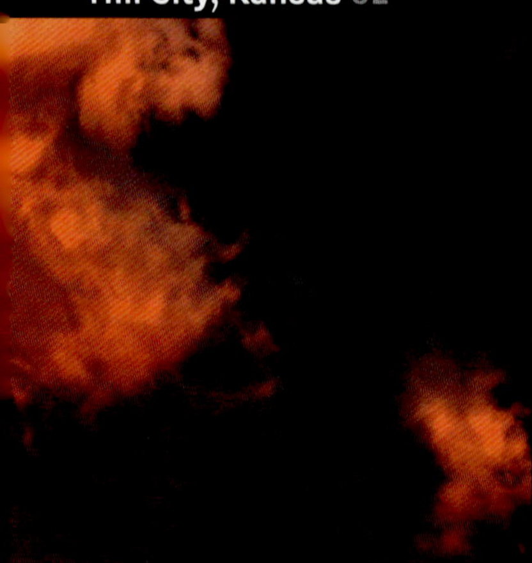

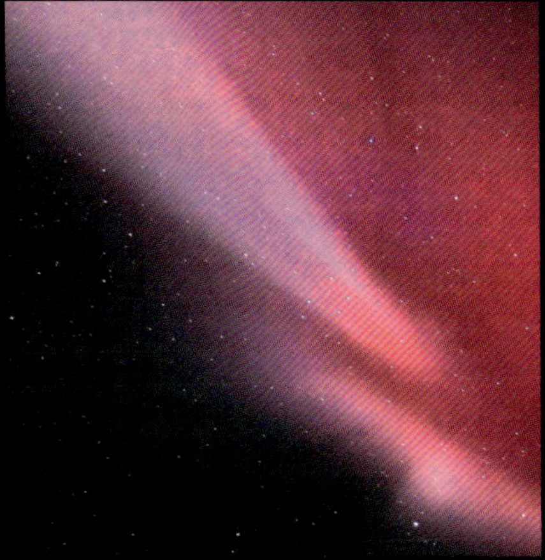

VORWORT

Sturmjäger – Im Auge des Tornados zeigt die faszinierendsten extremen Wettersituationen aus dem gesamten Mittleren Westen der USA, wie sie zwei der erstaunlichsten Fotografen der Szene schon früh in ihrer Laufbahn dokumentiert haben. Eric Nguyen und Mike Hollingshead haben weltweit ihr Publikum mit packenden Fotovorträgen über die Jagd nach diesen majestätischen und manchmal zerstörerischen Unwettern begeistert. Mit einer Mischung aus purer Leidenschaft für extremes Wettergeschehen und einem guten Gefühl dafür, die unvorhersehbaren und seltenen meteorologischen Phänomene im Bild zu erfassen, durchstreifen unsere Erzähler von Frühjahr bis Herbst das Land auf der Suche nach dem perfekten Schauplatz. Manchmal kreuzen sich ihre Wege, aber im Allgemeinen sucht jeder für sich seine Motive und seine persönliche Erfahrung mitten im Auge des Sturms.

EINFÜHRUNG

Mike Hollingshead und Eric Nguyen waren noch nicht geboren, als ich am 18. April 1972 meine erste ernsthafte Sturmjagd unternahm. Seitdem ist die Sturmjagd immer populärer geworden. Mike und Eric sind führende Mitglieder einer neuen Generation von Sturmjägern.

Niemand weiß, wer der erste Sturmjäger war. Aber mir ist bekannt, dass schon Mitte der 50er-Jahre David Hoadley und Roger Jensen den Stürmen auf der Spur waren. Viele Jahre blieben sie anonym. Als wir Anfang der 70er-Jahre die Jagd aufnahmen, mussten wir alle daher unsere eigenen Erfahrungen machen. Wir taten das im Rahmen eines wissenschaftlichen Projekts zur Erfassung von Tornados, das gemeinsam von der Universität Oklahoma, wo ich gerade meinen Abschluss machte, und vom National Severe Storms Laboratory in Norman im gleichen Bundesstaat durchgeführt wurde.

Für die Jagd gibt es ebenso viele Gründe wie Jäger, doch die meisten wollen nur das eine: einen Tornado sehen. Die Spanne der Jäger reicht vom Wissenschaftler, der als Forscher den Tornados folgt, über seriöse Amateure bis hin zum blutigen Anfänger. Manche suchen Tornados nur aus wissenschaftlichen Gründen, manche aus Neugier auf diese mächtigen Unwetter, manche aus dem Ehrgeiz heraus, in einer Gruppe, die viele für ziemlich verrückt halten, aufzufallen, und manche sogar aus kommerziellen Gründen, da sie mit ihren Fotos und Videos Geld verdienen können. Natürlich lässt sich mit der Sturmjagd etwas verdienen. Dennoch gibt es praktisch keine professionellen Sturmjäger; für so gut wie alle ist es ein Hobby. Mit den Einkünften aus Fotos und Filmsequenzen kann sich ein Jäger nicht das ganze Jahr über Wasser halten (außer er lebt äußerst spartanisch), und selbst diejenigen, die während der Sturmsaison von Fernsehsendern für ihre Jagd bezahlt werden, müssen sich für die sturmlose Zeit eine andere Einkommensquelle suchen.

Die meisten Jäger suchen *nicht* den Adrenalinstoß und begeben sich deshalb absichtlich in Gefahr. Das Spannende ist *nicht* die unmittelbare Todesgefahr, sondern die Aussicht, ein spektakuläres atmosphärisches Phänomen so hautnah zu erleben, wie es nur wenigen vergönnt ist. Tornados sind überall eine Seltenheit, dauern gewöhnlich nur ein paar Minuten, und selbst Leute, die nur wenige Kilometer entfernt sind, können sie oft nicht sehen. Mit etwas gesundem Menschenverstand lassen sich die Gefahren der Sturmjagd minimieren, aber nicht ganz ausschalten. Ein einziger wagemutiger oder unbedachter Schritt kann den Jäger in Gefahr bringen und darüber hinaus andere gefährden. Das Hauptrisiko kommt aber nicht von den Unwettern. Es ist schlicht das Risiko des Straßenverkehrs. Während der Jagd steigt die innere Erregung: Werden wir rechtzeitig dort sein? Wird der Sturm einen Tornado hervorbringen? Dieser Druck verleitet zu riskantem Verhalten auf Straßen, die oft nass und rutschig sind. Die Versuchung, zu schnell zu fahren und jede Vorsicht außer Acht zu lassen, ist bei der Sturmjagd sehr groß.

Blitzschlag ist das zweitgrößte Risiko; schon einige Jäger sind getroffen worden. Danach erst kommen die Gefahren des Unwetters selbst: der Wirbelsturm, aber auch die nicht zu unterschätzenden geradlinigen Winde, schließlich noch Hagel oder Starkregen. Zum Glück ist nach meinem Wissen noch kein Jäger durch den Sturm selbst umgekommen oder schwer verletzt worden. Aber die Gefahren sind nicht zu leugnen. Daher ist das kein Hobby, das jemand beiläufig verfolgen sollte.

Zum Jagdvergnügen gehört die schwierige Aufgabe, vorherzusagen, wo und wann sich am ehesten Tornados bilden. Diese wichtige Fähigkeit können sich auch Nichtmeteorologen aneignen. Doch nur wer nahe genug an einem aufkommenden Gewittersturm ist, kann sich in eine Position manövrieren, von der aus er einen möglicherweise entstehenden Tornado sehen kann. Meteorologen, die Kenntnisse über Stürme und das damit zusammenhängende Wettergeschehen haben, sind im Vorteil, aber dieses Wissen ist nicht Bedingung. Sobald sich etwas zusammenbraut, gilt es zu entscheiden, welcher Sturm eine Verfolgung wert ist – oft keine einfache Wahl. Denn diese Unwetter sind bewegliche Ziele, und eine einzige falsche Routenwahl kann die ganze Jagd scheitern lassen. Und wie leicht nimmt man die falsche Straße! Außerdem diktiert der Sturm selbst, welche Straßen nicht zu befahren sind. In dem Teil eines Gewittersturms, wo schwerer Hagel niedergeht, ist außerdem damit zu rechnen, dass die Windschutzscheibe zu Bruch geht und die Jagd ein abruptes Ende findet. Zum Pech für die Jäger bieten die leeren, weiten Ebenen in einigen Bereichen nur ein dünnes Straßennetz, auf dem die Jäger leicht den engen Kontakt zum Sturmgeschehen verlieren können.

Mir war von Anfang an klar, dass Sturmjäger ganz verschiedene Persönlichkeiten und sehr unterschiedliche Ansichten hinsichtlich der Jagdmethoden haben. Verantwortungsbewusste Sturmjäger – die Mehrheit! – geben ihre Beobachtungen an den nationalen Wetterdienst oder an ein lokales Sturmerfassungsnetzwerk weiter, woraus Sturmwarnungen für die davon betroffene Bevölkerung entstehen. Diese verantwortungsvollen Jäger stellen ihre Fotos und Videos bereitwillig Wissenschaftlern und denjenigen Personen zur Verfügung, die eine Ausbildung zum Sturmmelder machen. Leider gibt es – wie in jeder größeren Gruppe – immer einige, die nicht verantwortungsbewusst handeln. Sie verhalten sich unnötig waghalsig und gefährden andere durch ihr Bestreben, an einen Tornado heranzukommen. Unverantwortliche Sturmjäger geben ihre Sichtungen nicht weiter und weigern sich, die Früchte ihrer Jagden mit anderen zu teilen – mit Ausnahme vielleicht der öffentlichen Medien, um Aufmerksamkeit zu erregen. Für wenige gilt, was mein langjähriger Freund und Mitjäger Gene Moore einmal gesagt hat: »Diesen Typen geht es nicht um die Unwetter, es geht ihnen nur um sich selbst!«

Ich habe erst vor ein paar Jahren von Mike und Eric gehört, doch als ich ihre Aufnahmen im Internet sah, fiel mir sogleich ihr fotografisches Können auf. Natürlich kann jeder mal Glück haben und einen spektakulären Schnappschuss einfangen, doch sowohl bei Mike als auch bei Eric sah ich, dass beide ein echtes Gespür dafür entwickelt hatten, zur rechten Zeit am rechten Ort zu sein. Es ist offensichtlich, dass sie sich das nötige Wissen angeeignet hatten und die Kunst der Jagdplanung beherrschen. Sie treffen immer gute Entscheidungen und scheinen zu wissen, wie sie sich für spektakuläre Aufnahmen in Position bringen. Nach meiner Erfahrung ist diese Fähigkeit nie nur einer Reihe glücklicher Zufälle zu verdanken. Diese beiden sind wirklich gut! Selbstverständlich sieht niemand auf der Jagd immer alles, und jeder von uns steht schließlich einmal »belämmert« da, wenn er eine schlechte Entscheidung getroffen hat oder an einem Tag auf die Jagd gegangen ist, an dem es letztendlich wenig oder gar nichts Verfolgenswertes zu sehen gab. Diese Fehler sind unvermeidlich und stellen tatsächlich das landläufige Ergebnis einer Jagd dar. Es ist nie leicht, einen Tornado zu Gesicht zu bekommen.

Mike und Eric halte ich eindeutig für verantwortungsbewusste Jäger. Denn ich weiß, dass ihre Arbeit uns allen zugute kommt. Als langjähriger Jäger war es mir eine Freude, sie im locker verbundenen »Club der Sturmjäger« zu begrüßen. Die meisten Jäger sind ausgeprägte Individualisten. Sie haben gewöhnlich für Teamarbeit wenig übrig, außer sie nehmen an einem wissenschaftlichen Projekt teil. Ich bin etliche Male den gleichen Stürmen hinterhergejagt wie Mike und Eric, ohne sie je auf den Straßen zu sehen. Auch wenn andere Jäger sich wahrscheinlich in der Nähe herumtreiben, so ist das Alleinsein während eines spektakulären Wettergeschehens im Mittleren Westen ein erhabener Augenblick. Ich ziehe das jedenfalls der Zugehörigkeit zu einer Gruppe von Jägern vor. Es macht mir zwar immer Freude, auf Freunde zu treffen, aber Jäger genießen in der Regel die Erfahrung lieber für sich allein.

Neue Technologien wie eine Direktübertragung von Radardaten auf den Laptop unterwegs haben die Jagd noch einfacher gemacht als zu der Zeit, als ich damit anfing. Aber selbst mit dieser Technologie ist es nicht leicht. Ich stelle fest, dass in den meisten Fällen, wo ich doch einmal andere Jäger zur rechten Zeit am rechten Ort sehe, es immer noch die ausgebufften Veteranen sind, mit oder ohne den neumodischen Schnickschnack.

Mike und Eric haben die Kunst der Unwetterfotografie auf ein neues Niveau gehoben. Dies betrifft Motivwahl, Komposition, Belichtung und Schärfe – alles Fähigkeiten herausragender Fotografen. Offensichtlich teilen sie mit mir die Begeisterung für mehr Aspekte des Unwetters als nur den Tornado selbst. Viele Aufnahmen in diesem Buch zeigen keine Tornados, dennoch handelt es sich um Aufnahmen, die ein beredtes Zeugnis ablegen von der Großartigkeit und Schönheit von Stürmen, die viele Menschen nie selbst sehen werden. Die Sturmjagd verspricht die Chance, ein beeindruckendes Schauspiel an Macht und eleganter Form vor den eigenen Augen ablaufen zu sehen, selbst wenn letztendlich das i-Tüpfelchen, der Tornado, fehlt. Mike und Eric haben das in diesen Aufnahmen unzählige Male erfasst.

Dr. Charles A. (Chuck) Doswell
Norman, Oklahoma

DIE AUTOREN

MIKE HOLLINGSHEAD

Es fällt mir schwer, genug innere Distanz zu gewinnen, um zu erkennen, wie verrückt die Sturmjagd ist. Ich wache früh auf und fahre tausend Kilometer von meinem Haus in Nebraska nach Texas – und alles ist umsonst. Die Wahrscheinlichkeit, gar nichts zu Gesicht zu bekommen, ist riesig. Aber in den meisten Fällen werde ich ins Auto springen und beim geringsten Hinweis auf ein Unwetter in einen anderen Staat fahren, weil ich Angst habe, sonst etwas zu versäumen.

Ich bin im März 1976 in Blair, Nebraska, geboren und lebe seitdem dort. Als Kind blieb ich während eines Gewitters nachts auf und beobachtete die Blitze, bis mir die Augen zufielen. Ich brachte meinen Vater dazu, mit mir auf einen Hügel zu fahren, sobald ein Unwetter anrückte. Einer von uns (meistens ich!) bekam es dann mit der Angst zu tun, und wir schauten, dass wir vom Hügel herunterkamen. Als ich älter wurde, blieb er im Auto sitzen und wollte nichts wie weg. Ich bestellte per Post Tornado-Videos und schaute sie mir stundenlang an. Das machte mich später regelrecht süchtig, sodass ich keinen größeren Wunsch hatte, als einen Tornado in Aktion zu sehen. Sobald ich den Führerschein in der Tasche hatte, konnte ich endlich loslegen. Ich behielt den Wetterbericht ständig im Auge und fuhr auf die Hügel um Blair, um jedes heranziehende Gewitter zu beobachten, doch in dieser frühen Zeit bekam ich nie einen Tornado zu sehen.

Irgendwann im Winter 1998 beschloss ich, meine Reichweite auszudehnen und die Jagd nach Stürmen ernsthaft aufzunehmen. Doch in dem Jahr kam ich einfach nicht dazu. 1999 arbeitete ich für eine Wartungsfirma in der großen Industrieanlage des Cargill-Konzerns im Ort, konnte mir also für die Jagd nicht so leicht freinehmen. Ich weiß noch, dass ich am 8. April jenes Jahres von wahrscheinlich auftretenden Tornados in Iowa hörte. Die wollte ich unbedingt sehen, aber ich kam nicht von der Arbeit weg, was mich fast verrückt machte. Etwa einen Monat später, an einem arbeitsfreien Sonntag, zogen zwei tornadoverdächtige Superzellen über Nebraska – einer etwa 50 Kilometer nördlich der Stadt und einer einige Countys weiter südlich. Da schnappte ich mir ein paar Landkarten und brach zu meiner ersten echten Jagd auf. Schon bald merkte ich, dass wirklich ein Wirbelsturm entstand, und flippte vor Aufregung schier aus. Das Gefühl vor dem ersten Tornado ist unschlagbar, aber auf deiner ersten Jagd auch einen zu sehen, ist so wie ein Gewinn des Jackpots beim ersten Einsatz. Er war ganz in Regen gehüllt und kaum auszumachen, aber dieser Anblick reichte, um mich vollends auf den Geschmack zu bringen.

Normalerweise bekommst du auf der Jagd den entstandenen Schaden so gut wie nicht zu sehen, weil du vor dem Gewitter bleibst, um klare Sicht zu haben. Doch bei dieser ersten Jagd war ich nicht immer vorn dabei, und beim Aufholen kam ich an einem umgestürzten Sattelzug und jeder Menge zersplitterter Bäume vorbei, was für mich die von den Videos bekannte Zerstörung erschreckend real machte. Kurz nachdem ich diesen ersten Tornado und seine Spur der Verwüstung erlebt hatte, wurden wir von der Polizei auf eine andere Straße umgeleitet. Diese führte uns direkt auf einen sich neu bildenden Tornado zu! Da ich es allmählich mit der Angst zu tun bekam, suchte ich Zuflucht in einem Tankstellenhäuschen aus dünnem Wellblech, wo ich zusammen mit einer Gruppe nervöser Einheimischer und ohne Strom eine halbe Stunde lang von tennisballgroßen Hagelkörnern bombardiert wurde, während das Radio wiederholt verkündete, ein gewaltiger Wirbelsturm rase auf uns zu, und wir sollten in den Keller gehen. Es war eine beängstigende Erfahrung, ich war tagelang völlig aufgekratzt. Ich denke, damals wurde ich zum Jäger.

Während der nächsten Jagdsaison erkannte ich, dass ich selbst die Vorhersagen interpretieren lernen musste, um an Tornados heranzukommen. Seitdem nehme ich mir viel Zeit zum Lesen, Forschen und um mir Wissen anzueignen, doch draußen vor Ort zu sein ist am lehrreichsten. Anfänglich plante ich nicht, Standfotos von den Unwettern zu schießen, ich nahm die Stürme bloß mit einem billigen Camcorder für mein eigenes Archiv auf. Doch mit der Zeit kamen mir so tolle Wolkenformationen unter, dass ich auf meiner Homepage ein klareres Bild davon zeigen wollte. Also kaufte ich 2002 meine erste Standbildkamera, eine Sony F707. Es war eine große Ausgabe für mich – nicht billig, aber eine gute Investition.

Einem Unwetter direkt nach der Arbeit und an den Wochenenden hinterherzuhetzen belastete mich allmählich ziemlich. 2004 schließlich war mein Job den Stürmen so sehr im Wege, dass ich ihn hasste. Also kündigte ich. Ich wollte im Frühling und Sommer erst einmal nur auf Jagd gehen und mir dann im Herbst einen neuen Job suchen, wenn mir das Geld ausging. Ich war im November beinahe gezwungen, mir einen Job zu suchen, doch ich konnte einige Aufnahmen von Nordlichtern schießen (s. S. 66), die im Internet Furore machten und meine Selbstständigkeit sicherten. Nach mittlerweile drei Jahren habe ich außer der Sturmjagd noch keinen anderen Job und hoffe, dass das so bleibt. Ich habe mich eigentlich nie als Fotograf gesehen, aber so verdiene ich nun meinen Lebensunterhalt.

Jedes Jahr unternahm ich mehr Jagden, sodass ich 2006 bei 40 landete und über 30 000 Jagdkilometer zurücklegte. Die Menschen vergessen gern, dass wir während der Jagd die meiste Zeit mit Fahren oder Warten verbringen. Es kann deprimierend sein, wenn du zwölf Stunden lang im Auto gesessen bist, völlig übermüdet und genervt, weil du einen Scheißsturm gejagt und eine lange Heimfahrt vor dir hast. Doch sosehr mich Ausfälle oder ein ganzes Jahr voller Ausfälle wie 2006 anöden können – ich weiß auch, dass ich es nicht mehr lassen kann.

Meine Arbeit umfasst alle möglichen Wetterlagen und atmosphärischen Ereignisse. Manchmal konzentriere ich mich auf besondere Phänomene wie Lichteffekte oder Polarlichter, aber größtenteils jage ich mächtigen Stürmen hinterher. Im Wesentlichen möchte ich gewaltige Formationen einfangen. Unwetter sind äußerst verschieden und einzigartig, dabei können mich alle möglichen Erscheinungen fesseln. Ich denke, mich interessieren einfach alle ausgefallenen Erscheinungen, ungewöhnliche Strukturen, absonderliche Hagelkörner, irrwitzige Wirbelstürme ... Nicht zu verachten ist auch die Erfahrung, von einem Sturm gebeutelt zu werden oder ganz nahe an einen Tornado heranzukommen – das sind echte Höhepunkte auf der Jagd!

Sturmjäger gab es lange vor dem Internet, aber es hat unsere Arbeitsweise ungeheuer beeinflusst. Die Jagden haben enorm zugenommen, weil inzwischen die meisten Jäger ihre Aufnahmen im Internet verbreiten. Dadurch kann die ganze Welt diese seltenen Ereignisse genießen, die selbst nur wenige von uns Jägern erleben. Das wiederum begeistert mehr Leute für dieses Hobby. Manchmal gelangt eine meiner Bilderserien in einen größeren E-Mail-Verteiler und bringt mein Leben für einige Wochen durcheinander. Dann habe ich das Gefühl, dass die über meine Startseite *extremeinstability.com* eingehenden Fragen meine Mailbox in Flammen aufgehen lassen und ich mich nur noch verstecken will. Die wohl häufigste Frage ist aber die, wie nahe ich einem Tornado gekommen bin. Also, wenn es Sie interessiert: Ich bin einmal nur 200 Meter und ziemlich oft weniger als einen Kilometer weit weg gewesen. Die größten habe ich vermutlich am 9. Juni 2003 in O'Neill, Nebraska, gesehen, mit einer Vernichtungsschneise von 500 Metern, und am 12. Juli 2004 in Bartlett, Nebraska, wo die Schneise 400 Meter breit gewesen sein muss. Der stärkste begegnete mir bei Hill City, Kansas, am 9. Juni 2005 (s. S. 82).

Die Sturmjagd wird allgemein als riskante Aktivität eingestuft, aber mit ein bisschen gesundem Menschenverstand lässt sich die Bedrohung reduzieren. Selbst Windgeschwindigkeiten von 160 km/h werfen einen Wagen nicht um, aber sie bringen große Bäume zu Fall, und die können dich im Nu töten. Also gilt es darauf zu achten, fernab von allem zu stehen oder zu parken, was Schaden verursachen kann. Tornados sind so selten, dass dich kaum einer wirklich treffen kann, darüber hinaus bestreichen sie nur einen kleinen Landstreifen für eine kurze Zeitspanne. Die Gefahr, davon getroffen zu werden, ist äußerst gering. Blitze machen mir die größte Angst, aber das Risiko lässt sich leicht begrenzen. Wenn Blitze in der Nähe einschlagen, dann bleiben Sie am besten im Auto! Ich halte dieses Hobby nicht für gefährlich. Der Gedanke, dass mir nachts ein Hirsch vors Auto läuft, macht mir mehr Angst als alles, was mit einem Gewitter zu tun hat. So empfinde ich zumindest jetzt, nachdem ich länger im Geschäft bin. Sicherlich dachte ich ganz anders, als ich anfing, Stürme zu jagen.

Ich jage immer allein und werde das ziemlich sicher auch weiterhin tun. Leute fragen mich, ob sie mitfahren können oder ob ich einen Jagdpartner bräuchte, doch ich lehne jedes Mal ab. Ich möchte mich immer nur um mich selbst kümmern, so nahe rangehen oder so lange bleiben, wie ich will. Ich möchte der einzige Grund sein aufzugeben. Ich bemühe mich sehr darum, nicht mit anderen zusammenzutreffen und Konvois zu bilden – auch wenn ich auf die wenigen Jäger treffe, die ich halbwegs gut kenne. Aber menschenverachtend bin ich auch wieder nicht, also wenn Sie einen schwarzen Mustang mit einem Kennzeichen von Nebraska im Einzugsgebiet eines Unwetters parken sehen, halten Sie ohne Zögern an und sagen Sie mir Guten Tag.

ERIC NGUYEN

Bei der Jagd geht es mir darum, Erfahrungen zu sammeln. Am meisten lerne ich, wenn ich selbst die Vorhersagen und die Entscheidungen treffe.

Soweit ich mich erinnere, erlebte ich etwa mit sieben mein erstes Gewitter bewusst. Meine Schwester fürchtete sich und suchte Deckung, während ich fasziniert war und zuschauen wollte. Ich weiß noch, dass ich in einem alten Lexikon aus den 60er-Jahren das Stichwort »Gewitter« nachschlug. Mein Verlangen, noch mehr zu erfahren, wuchs, und schon bald ging ich ständig in die Bibliothek, um noch mehr über Unwetter in mich aufzusaugen. Das Internet öffnete die Tür zu neuen Wissensbereichen, also las und beobachtete ich weiter, was mich 1999 zum Studium der Meteorologie an die Universität von Oklahoma brachte. Ich habe wohl mein ganzes Leben mit Lernen über das Wetter verbracht.

1994, als ich 16 war, fing ich mit dem Jagen an, war aber sehr stümperhaft. Ein Jahr später gingen eines Tages in der Stadt, in der ich wohnte (in Keller, Texas), die Tornadowarnsirenen los. Meine Mutter rief mich an und sagte, ich solle schleunigst nach Hause kommen. Doch ich blieb draußen und trieb mich einige Stunden herum, weil ich den Tornado finden wollte. Ich wusste eigentlich nicht so genau, wie ich es anstellen sollte, also bekam ich gar nichts mit. Glücklicherweise war meine Mutter nicht zu sehr besorgt. Es dauerte einige Jahre, bis ich Zeit und Geld für weitere Touren aufbrachte. Erst 1997 hatte ich das Gefühl, dass ich wusste, wonach ich suchte und wo ich es finden würde.

In dieser frühen Zeit jagte ich alleine, nur mit einer Landkarte, einem Scanner und einer Kamera ausgerüstet. Bei der Jagd geht es mir darum, Erfahrungen zu sammeln. Am meisten lerne ich, wenn ich selbst die Vorhersagen und die Entscheidungen treffe. Natürlich sind solche schweren Gewitter unberechenbar, und selbst mit den aktuellsten Informationen kannst du leicht falsch liegen, aber mit zunehmender Erfahrung habe ich ein Gespür dafür entwickelt, auf der Höhe des Sturms zu bleiben.

Mein Jagdgebiet erstreckt sich von Zentraltexas bis hinauf nach Dakota, östlich der Rockies und westlich der Waldgebiete von Oklahoma bis Minnesota. Ideal sind Gegenden mit vernünftigen Straßen möglichst ohne Bäume und starken Verkehr, was zum Glück für einen Großteil der Landschaft in den Great Plains zutrifft. Ich jage vor allem Wolkenformationen und finde die Superzellen mit ihrem grandiosen Aufbau herrlich, wie sie langsam über die Hochebenen kriechen. Solche gewaltigen, mächtigen Ungetüme heranrollen zu sehen – das ist mit keiner anderen Erfahrung in meinem Leben zu vergleichen und wird mir nie langweilig werden.

Es ist herrlich, schon am Morgen das Kribbeln im Magen zu spüren, wenn ich weiß, dass ich zu einer Jagd aufbreche, dass die Voraussetzungen für Unwetter gut sind, und wenn ich vor dem Computer hänge und zu entscheiden versuche, wann ich wohin fahre. So oft ist meine Liebe zu Gewittern erfüllt worden: Die dichte Reihe von Tornadogewittern im ganzen Mai 2004 (s. S. 144) war eine aufregende Achterbahn, die ich nie vergessen werde, aber wenn ich mir ein absolutes Highlight heraussuchen soll, dann den unglaublichen Tornado bei Mulvane, Kansas, am 12. Juni desselben Jahres (s. S. 26). Das war für mich bisher der echte Höhepunkt. Dieser Sturm lässt immer noch mein Herz klopfen, wenn ich mir Bilder von jenem Tag ansehe.

Manchmal wirst du aber trotz all deines Wissens von einem Gewitter einfach geschlagen. Zu Anfang meiner Karriere hätte mich eines fast von der Jagd abgebracht. Es war ein sehr windiger Tag im Mai 1998, an dem im texanischen Westen zwei energiegeladene Türme hochgeschossen waren. Ich stieg aus dem Auto, um Bilder zu machen, als ein Windstoß die Tür zuknallte und mich aussperrte. Verdammt! 40 Minuten lang musste ich mit einem speziellen Entriegelungsdraht herumfummeln, wobei ich den nagelneuen Wagen zerkratzte, bis ich wieder drinnen saß und die Jagd fortsetzen konnte. Im weiteren Tagesverlauf musste ich tennisballgroßen Hagelkörnern ausweichen und unter Wolkenwänden fahren. Spät in der Nacht schlug noch ein Blitz ins Auto ein, der mein Sprechfunkgerät verschmorte und die ganze Autoelektronik lahmlegte. Fünf Stunden lang saß ich mitten in der Nacht auf einer Landstraße fest, bis mich schließlich ein Abschleppwagen um 3 Uhr früh in den nächsten Ort brachte. Als mich meine Eltern um halb fünf abholten, erklärte ich ihnen, dass die Jagd vielleicht doch nicht ganz das Richtige für mich sei. Sie sagten beide, so was komme vor im Leben und ich würde mich schon wieder erholen. Und es ging wirklich schnell vorbei: Schon am nächsten Morgen versuchte ich verzweifelt einen Wagen zu mieten, um die Jagd wieder aufzunehmen.

Ursprünglich drehte ich Videos und machte Standbilder, aber schließlich fand ich Fotografien weitaus bereichernder. 2003 rüstete ich mit einer digitalen Spiegelreflexkamera auf, was mir viel mehr Freiheit in der Zahl der Aufnahmen verschaffte. Meine Bilder waren in allen möglichen Zeitschriften und Büchern zu sehen, außerdem können Besucher meiner Homepage *(www.mesoscale.ws)* an meinen Jagden Anteil nehmen.

Im Lauf der Zeit habe ich andere Jäger kennengelernt, und die gemeinsamen kleinen Abenteuer und die merkwürdigen Zwischenfälle machen jede Jagd zu etwas Besonderem. Am Ende des Tages kommen wir gewöhnlich an einem Ort zusammen, um das Vergnügen an den Gewittern gemeinsam ausklingen zu lassen.

Wahrscheinlich werde ich immer jagen oder zumindest so lange, wie es geht. Wenn ich im Lotto gewinnen würde, dann würde ich nach Hays, Kansas, ziehen und ausschließlich jagen. Zum Glück lässt sich meine Arbeit ziemlich gut mit meiner Leidenschaft vereinbaren, daher kann ich die Zeit dafür aufbringen. Bei Bedarf kann ich mit jemandem tauschen, was mir viele Gelegenheiten zur Jagd bietet. Ich ermuntere meine Kinder, sich mit den Naturwissenschaften zu beschäftigen, weshalb sie wohl mehr über Gewitter wissen als die meisten. Wenn sie in meine Fußstapfen treten wollen, dann werde ich so nachsichtig sein wie meine Eltern mit mir.

Die gemeinsamen kleinen Abenteuer und die merkwürdigen Zwischenfälle machen jede Jagd zu etwas Besonderem.

Die Sturmjagd verspricht die Chance, ein beeindruckendes Schauspiel an Macht und eleganter Form vor den eigenen Augen ablaufen zu sehen, selbst wenn letztendlich das i-Tüpfelchen, der Tornado, fehlt.

Wir haben ihn rechtzeitig erwischt. Ich kam wahrscheinlich zur größten Jagd meines Lebens.

MULVANE, KANSAS

12. Juni

ERIC: Ich hatte ein paar Tage zuvor eine größere Sturmfront versäumt, weil ich mich auf eine Konferenz vorbereiten musste. Jetzt dachte ich mir, ich bräuchte eine ordentliche Jagd als Entschädigung. Die meisten Jagdtage bescheren nur Mittelmaß, daher ist es doppelt ärgerlich, ein lange im Voraus angekündigtes Ereignis zu versäumen, wie es mir passiert war. An diesem Tag bereitete ich mit einem befreundeten Jäger, Scott Currens, eine Jagd vor, und wir überlegten, was das beste erreichbare Ziel sein könnte. Wie sich herausstellte, war es ein Volltreffer, denn ich kam wahrscheinlich zur größten Jagd meines Lebens!

Wir fahren also nach McPherson, doch das Gewitter ist nicht so toll und löst sich gerade auf, sodass wir uns neu orientieren. Als wir quasi mit leeren Händen heimfahren wollen, hören wir von Unwettern, die sich gut 100 Kilometer südlich zu entladen beginnen – eine Stunde Fahrt. Normalerweise hätten wir uns wohl weitere Unkosten erspart, aber an diesem Tag sind wir im Jagdfieber. Also brechen wir nach Wichita auf.

Unterwegs bekommen wir Wind von einem Tornado, der westlich der Interstate losschlägt. Wir sehen, dass an einer neuen Luftmassengrenze vor einer Gewitterfront Unwetter entstehen und einen großartig rotierenden Luftwirbel bilden. Alles scheint zusammenzupassen an diesem Jagdtag – der heftig rotierenden Wolkenbasis nach haben wir den Sturm anscheinend gerade rechtzeitig erwischt.

Ein über die Straße fegender Tornado hat etwas ungemein Erhebendes.

Ein großer Trichter wächst aus der Basis und verwandelt sich rasch in einen Tornado, der etwa 100 Meter vor uns die Straße überquert. **Ein über die Straße fegender Tornado hat etwas ungemein Erhebendes** – er kreuzt sozusagen deinen Pfad und stellt sich zur Schau.

Die Wolken sehen aus, als ob sie zu hoch liegen, um einen Tornado auszubilden, der bis zum Boden reicht. **Aber dieser Sturm ist wild entschlossen.** Der Tornado senkt sich bis zum Boden, **schleudert Trümmer hoch und reißt Bäume aus.**

Der Tornado hat einen Wellblechschuppen getroffen und Metalltrümmer hochgewirbelt, sodass es aussieht, als würde Flitterkram aus den Wolken regnen. Mit dem Regenbogen im Vordergrund ergibt das ein atemberaubendes Bild.

Hagelschlag kommt hinzu, während der Tornado an Kraft zunimmt und Strommasten an der Straße umlegt. Zum Glück versperren sie uns nicht den Weg, und wir können nach Süden fahren, um den Tornado von Westen aus zu beobachten. Das ist normalerweise eine ungünstige Position, da sich Regen um den Tornado bilden und die Sicht behindern kann. Es bleibt jedoch relativ trocken, und wir können alles sehen. **Einigen Jägern schlagen Hagelkörner mit 11,5 cm Durchmesser die Frontscheiben ein**, aber wir bleiben verschont.

Das weiße Haus im Vordergrund wird zum Glück nicht getroffen, die Bewohner allerdings sind garantiert zu Tode erschrocken.

Wir bringen uns in eine gute Position, um die restliche Lebensphase des Tornados zu verfolgen. **Er hat etwa elf Minuten lang Bodenkontakt** und bietet einen beeindruckenden Anblick. Mir ist bewusst, dass es sich um einen ziemlich zerstörerischen Wirbelwind handelt, der Teile von Gebäuden reißt und das Land aufwühlt. Das weiße Haus im Vordergrund wird zum Glück nicht getroffen, die Bewohner allerdings sind garantiert zu Tode erschrocken.

Es ist ein beeindruckender Anblick. Mir ist bewusst, dass es sich um einen ziemlich zerstörerischen Wirbelwind handelt, der Teile von Gebäuden reißt und das Land aufwühlt.

Fast so schnell, wie er entstanden war, verschwindet der Tornado auf mysteriöse Art und Weise und ohne das sichtbare Zeichen einer kompletten Okklusion. Er scheint sich einfach nur aufzulösen, doch **für weitere zehn Minuten regnen kleine aufgewirbelte Teile herunter.**

Der Sturm bewegt sich auf unserem Radarschirm nach Süden, ohne einen weiteren Trichter zu bilden. Doch 30 Minuten später, als die Hauptkante der ausströmenden Luft mit dem Sturm zusammentrifft, entsteht ein neuer Tornado, mit der untergehenden Sonne im Hintergrund. Er ist schwach ausgeprägt, außerdem nimmt uns die einsetzende Dunkelheit die Sicht auf das Unwetter, **aber es ist ein großartiger Tagesabschluss.** Wozu bis nach Iowa fahren, wenn sich Tornados dir hier in den Weg stellen!

Unglaublich, eine so gute Show quasi vor der Haustür geboten zu [illegible]

SIOUX CITY, IOWA

28. Mai

MIKE: An diesem Tag waren die Jagdaussichten nicht so gut. Ich hatte mir die Daten am Computer angesehen, die eine ordentliche, aber nicht besonders starke Schubkraft versprachen. Also war es mir keine Fahrt wert. Zum Glück überredete mich Steve Peterson, nur mal nachzuschauen, worüber ich heilfroh bin. Unglaublich, eine so gute Show quasi vor der Haustür geboten zu bekommen. Wir brechen nach Spencer, Nebraska, auf.

Nach einiger Zeit legt der Sturm richtig los – und kommt voll auf Touren! Es setzt ein gewaltiger Zustrom mit wahrscheinlich über 60 km/h ein, und in kürzester Zeit sind meine Augen voller Dreck.

Handy, ob ich die verblüffende Formation gesehen habe. Ich folge ihm, sehe das hier und werde noch aufgeregter bei den weiteren Aussichten. **Es muss eine der schärfsten Szenen sein, die ich jemals auf der Jagd gesehen habe.** Und es wird noch viel besser!

Ich begreife nicht, wie jemand unter so etwas durchfahren kann ohne das Bedürfnis, anzuhalten und zu beobachten.

So etwas habe ich noch nie gesehen. **Der Sturm saugt ungeheuer viel Luft an und bildet die verrücktesten Formen.** Das Bild zeigt, wie glatt die Wolkenunterseite außerhalb des Zentrums ist. Das Tempo der Luft, die da angesaugt wird, muss unglaublich sein. Der Niederschlag an der Seite hat eine ungewöhnlich scharfe Kante. Vermutlich könnte ich da dauernd über die Grenze springen ... trocken – nass – trocken – nass. Ich begreife nicht, wie jemand unter so etwas durchfahren kann ohne das Bedürfnis, anzuhalten und zu beobachten.

Es sieht nach einem Sturm mit nichts als eindrucksvollen Formationen aus – ohne eine echte Chance auf einen Tornado. Also halten wir Abstand, um uns nichts entgehen zu lassen. Ein Arm des Sturms holt aus und nährt wieder die Westflanke, was eine große Spirale ergibt. Auf der Unterseite entwickelt sich eine ausgeprägte Ausbuchtung, **die aussieht, als könnte sie einen Tornado ergeben – aber nein.** Dennoch bin ich von einer so gewaltigen Sturmzelle nicht enttäuscht.

Dennoch bin ich von einer so gewaltigen Sturmzelle nicht enttäuscht.

Das ist ein Remake von Independence Day! Die Winde werden immer stärker, rasen nach Westen in die Zelle und lassen die Stromleitungen über uns aufheulen.

Wir nähern uns Sioux City, und die Superzelle verwandelt sich in die Form eines Donuts. **Als die Sonne unter die Zelle sinkt, gelingt mir dieses Bild – eines meiner Lieblingsfotos.**

bin, wird er schwächer und geradliniger und sieht aus, als ob ihm die Kraft ausginge. Zeit, die Jagd zu beenden!

OGALLALA, NEBRASKA

10. Juni

ERIC: Nach einem gemütlichen Frühstück in Scottsbluff, Nebraska, fahren wi weiter ins östliche Wyoming und auf eine sich bildende Superzelle zu, die auf Scottsbluff zusteuert. Die Straßen sind ein Albtraum, aber schließlich werden wir von schönen Mammatus empfangen, als die Front sich verdichtet.

Die Formation ist zuerst großartig, aber etwas zu hoch und wird nach und nach unterlaufen. **Immerhin sieht die Sockelform ganz toll aus.**

Als sich das Unwetter weiter abschwächt, fahren wir nach Osten zu einer neuen Konvektion bei Alliance. Wir finden eine einspurige Straße im Niemandsland, die uns durch die kuppige Landschaft direkt auf die neue Zelle zuführt.

Unterwegs beobachten wir einen tornadoähnlichen, fingerförmigen Auswuchs und einen anständigen Aufwind.

Wir lassen den Sturm auf uns zurollen.

Das Unwetter regnet sich rasch aus, also bleiben wir an Ort und Stelle und lassen den Sturm auf uns zukommen, um festzustellen, ob bemerkenswerter Hagel fällt. Dann machen wir Feierabend, kurz bevor Mike diesen böigen Sturm zu jagen anfängt.

MIKE: Die Unwetter, die aus dem Südosten Wyomings kamen, sahen nicht so schlimm aus, aber sie boten intensive Fallwinde, die stellenweise gehörig Staub aufwirbelten. Ich liebe es, wenn der Boden aufgewirbelt wird. Deshalb war ich richtig begeistert.

Die tiefen Ebenen dort sind nicht so feucht, also ergeben sich starke Abwinde. Der Niederschlag verdampft, schnell sind absinkende Luftmassen übrig. Diese Bereiche mit herabströmender Luft sind in den lichten Stellen um den Wolkenkern zu sehen.

Ich liebe es, wenn der Boden aufgewirbelt wird. Deshalb war ich richtig begeistert.

Der Sturm wirbelt noch mehr Dreck auf und sieht an der Interstate 80 ganz schön heftig aus. Dort auf der Straße ist gehörig was los, und ich verstehe nicht, warum die Leute da reinfahren und nicht anhalten, bis alles vorbei ist. Unten ist gut zu sehen, wie die Fahrzeuge einfach verschwinden. Es wurde sogar ein Sattelzug umgeweht.

Ich möchte dableiben und den auf mich zufliegenden Dreck fotografieren. Aber es sieht aus, als könnten Unfälle passieren. Dann würde ich wohl in einem Stau stecken bleiben. Deshalb rase ich ostwärts, neben mir die Staubwolke. Der Sturm zieht nun voll durch, und selbst bei der zulässigen Höchstgeschwindigkeit auf dem Highway ist es schwer mitzuhalten.

Als ich mich Ogallala nähere, sieht das Unwetter nicht mehr so beeindruckend aus (zumindest im Verhältnis zu den Plains). Aber es ist verdammt windig und staubig, während der Sturm nach Osten weiterzieht. Hektisch versuche ich immer noch aufzuholen.

Endlich bin ich der Front etwas voraus und sehe allmählich

Aber es ist verdammt windig und staubig, während der Sturm nach Osten weiterzieht. Hektisch versuche ich immer noch aufzuholen.

Es wird immer eindrucksvoller. Ich suche eine Stelle, wo ich die Formation einfangen kann, bevor sie mich wieder überholt. Endlich gelingt mir ein gutes Bild. Wunderschön ist die Konvektion über dem Sockel.

Der Frühling war in Hinsicht auf Sturmjagden dieses Jahr ziemlich mager. 2006 war durchwegs ein hartes Jahr, aber das hier ist wahrlich nicht zu verachten.

Dieses Unwetter meint es ernst.

LENNOX, SOUTH DAKOTA

24. Juni

ERIC: Eine beeindruckende Jagd auf ein extrem zerstörerisches Unwetter, das acht Stunden lang durch South Dakota tobte! Scott Blair und ich entdecken zwischen 11 und 13 Tornados aus einer gewaltigen Superzelle, die im Zickzack an Centerville vorbei auf den Ort Lennox zusteuert.

Wir erwischen eine große rotierende Mauerwolke etwa 12 km südsüdwestlich von Centerville. Auf dem Weg dorthin wird sie sehr aktiv, produziert einen Tornado mit mehreren Trichtern, der bis zum Boden herabzuwirbeln droht. Ich knipse die ganze Zeit, während wir einen guten Aussichtspunkt suchen, um diesen Furcht einflößenden Meso besser einschätzen zu können.

Einige Kilometer nordwestlich von Centerville bilden sich mehrere Trichter. Sogar ein antizyklonischer Schlauch (der sich entgegengesetzt zu einem normalen Zyklon dreht) ist dabei. Dieses Unwetter meint es ernst.

Ein wirklich ernst zu nehmender Tornado erreicht den Boden und erzeugt eine massive Staubfahne. Kein Zweifel, er richtet einigen Schaden an. In der ganzen Region wurden Häuser weggefegt. Eine kleine Ortschaft weiter im Norden wurde besonders schlimm getroffen; dort sind viele Gebäude zerstört.

Bei einem Blick auf die andere Straßenseite entdecken wir einen neu gebildeten Mesozkylon am anderen Ende des Sturms. **Wenn der den Boden berührt, dann haben wir zwei Tornados auf einmal ...! Zwillinge!**

Inzwischen bricht die Hölle los. Während wir dem Sturm weiter auf den Fersen bleiben, strecken sich neue Trichter aus der Zelle. Bald schon erreicht ein vierter Tornado den Boden und schwänzelt über die Oberfläche. Normalerweise ist schon ein einziger Tornado ein echtes Ereignis. Doch heute können wir dauernd wiederholen: »Hmm ... dort drüben

Einer der Satellitentrichter muss über die Straße **gefegt sein und die Stromleitungen gekappt haben.** Wir stoßen auf den Pfad der Verwüstung, wo Leute Holztrümmer aufsammeln, um die Straße frei zu machen. Die E-Werke jagen Stromimpulse durch diese Leitungen, um herauszufinden, wo Ausfälle sind. Also ist erhöhte Vorsicht geboten.

Wir halten kurz an, um zu helfen, aber der Sturm lässt nicht nach. **Aus einem größeren Wirbel bildet sich ein sechster Tornado mit weiteren Satellitentrichtern um ihn herum.** Meine Position gibt mir die Chance, etwas von der Formation einzufangen, die wir nicht ganz sehen konnten, als wir uns noch unter der Hauptmasse der Zelle befanden.

Normalerweise ist schon ein einziger Tornado ein echtes Ereignis. Doch heute können wir dauernd wiederholen: »Hmm … dort drüben ist schon wieder einer!«

Ein schwächerer siebter Tornado kommt und vergeht, während der Sturm von West auf Ost dreht und mit uns im Schlepptau im Zickzack über die Landschaft zieht. Ein Gebiet mit mehreren Wirbeln erzeugt einen relativ schwachen achten Tornado, dann bohrt sich plötzlich ein extrem starker neunter Tornado herab. Tornado acht gewinnt wieder an Stärke und wird schließlich so groß wie der neunte. Wir sind etwa acht Kilometer vor Lennox, **und es sieht so aus, als würde der Ort von diesem Paar übel zugerichtet werden.**

Unser Weg ist auf einmal von einem Cop blockiert, der uns nicht vorbeilassen will – »außer mit Blaulicht auf dem Dach«. Manchmal lassen sie einen durch – schließlich sind Jäger auch Melder, die dem Wetterdienst Tornados durchgeben und somit bei den Warnungen helfen. Doch ich schätze, **wenn Stürme so schlimm aussehen und sie nervös machen, wollen sie die Kontrolle behalten.** Wir machen also einen weiten Umweg, füllen den Tank und schließen wieder zum Sturm auf, als sich der Himmel verdunkelt.

In Lennox ist der Strom ausgefallen. Ein großer Tornado wird für den Ort, in dem wir uns gerade befinden, gemeldet, **aber da wir nicht das Risiko eingehen wollen, auf dem Highway von einem Monstrum an Superzelle eingeholt zu werden,** und darüber hinaus von Stechmücken belästigt werden, suchen wir Zuflucht in Sioux Falls.

Die Jagd ist in vollem Gange …

LIMON, COLORADO

2. Juni

MIKE: Bald nachdem ich nordwestlich von Limon eintreffe, beginnt sich ein Superzellensturm mit schwacher Ausformung rasch zu verändern, als die Zufuhr feuchter Luft am Boden zunimmt. Dabei wirbelt er Staub auf, darüber strömen Wolken in den Aufwind. An der Hinterflanke entwickelt sich ein Fallwindspalt, aber dieser Spalt und der Kern werden hart vom Sturm bedrängt, als sich eine Absenkung unter der Zelle bildet. Die Jagd ist in vollem Gange …

Es entsteht eine gewaltige Fallwindschleppe mit einem bedrohlichen Hagelkern. Es braut sich eindeutig was zusammen und wird gleich in Limon wüten! Während ich beim Lärm der Warnsirenen den Tank fülle, werden lose Zweige nach Nordwesten ins Unwetter getrieben. **Der Sturm tobt mit all seiner Kraft und ist beinahe über mir.**

MIKE: Ich rase nach Südosten, um ein bisschen Distanz zwischen den Sturm und mich zu legen, damit ich die Formation abschätzen kann. Als ich zurück nach Limon schaue, erstreckt sich ein langer Biberschwanz nach Osten. Dann bilden sich um die Zirkulation rasch tiefe Wolkenfetzen, die mit unglaublichem Tempo Richtung Boden sausen. Der Sturm kriecht auf mich zu.

ERIC: Ich bin mit Amos Magliocco und Dave Flick zusammen. Wir haben gerade einen vielversprechenden Sturm auslaufen sehen, als uns im Nordwesten bei Limon eine neue Zelle auffällt. Bald ist eine heftige Superzelle herangereift. Tennisballgroße Hagelkörner werden von der Interstate 70 gemeldet. Vor uns hat sich eine beeindruckende Formation mit einem großen Biberschwanz aufgebaut.

Diese Zelle ist vor allem formschön, also halte ich mich östlich an ihrer Flanke, damit ich sie vors Weitwinkel bekomme. Eine derartige Formation ist ein erregender Anblick und mein Herz klopft, als ich davonrase, um aus der Distanz alles im Blick zu haben. So ausgeprägt geschichtete Plattenstrukturen sind selten.

Die Zelle schien zunächst ganz zufrieden damit, sich nach Südosten zu bewegen, doch plötzlich zeigt das Radar, dass sie sich nach Osten absetzt. Die Straßen nach Südosten sehen viel besser aus, schätzungsweise habe ich keine Wahl mehr.

Mein Herz klopft, als ich davonrase, um aus der Distanz alles im Blick zu haben.

MIKE: Der Richtungswechsel stinkt mir ungeheuer. Ich muss im Niemandsland 40 Minuten lang über Schotterpisten preschen, um auf Höhe der sich bildenden Zelle zu bleiben. Es ist einfach eine tolle Formation, und ich bin noch heil, also macht es mir nichts aus. Sehen Sie sich die zwei mittelhohen Bänder und das einzelne tiefere Band an, das nach Osten gezogen ist.

ERIC: Wir sind ganz aus dem Häuschen über einen so unglaublichen Anblick, aber der Sturm lässt langsam nach, und es sieht nicht danach aus, als würde noch viel passieren. Wir hören von weiteren neuen Gewittern im Süden, daher entscheiden wir, uns nach etwas guter ländlicher Kost in Kit Carson umzusehen und zu schauen, was dort unten abläuft.

MIKE: Schließlich erreiche ich einen Punkt nordöstlich des Gewitters in der Gegend von Seibert, aber die Formationen lösen sich allmählich auf. Kurz vorher hatte ich mit Amos Magliocco gesprochen, der mit Eric und anderen jagte. Sie hatten beschlossen, die Zelle sein zu lassen und in den Süden zu fahren. Verdammt, wohin jetzt? Wenn ich nicht sehen kann, was anderswo geboten ist, und alles dazu noch ein Stück entfernt ist, sich aber gleichzeitig der Sturm vor mir wieder neu formieren könnte, bleibe ich normalerweise dort, wo ich bin. **Das Ding ist schon fast bei mir; es ist eine schwere Entscheidung, und ich habe echt wenig Zeit.** Ich blicke nach Süden. Dort geht ein scheußlicher Hagel über dem Highway nieder. Damit ist die Entscheidung gefallen: Ich werde weiter nach Osten fahren und hoffen, dass der Wettergott mir zulächelt ... oder mich auslacht – wie es eben kommt.

Das Gewitter schüttet sich aus. Ich werde mit tischtennisballgroßen Hagelkörnern attackiert, und es wird noch schlimmer. Ich bedaure die Pferde, die am Schuppen Zuflucht suchen. Der Sturm rafft Staub vom Boden zusammen und saugt ihn in sich auf. **Die Luft lädt sich immer mehr elektrisch auf und schickt etliche Blitze in meine Richtung.** Ich harre aus, solange es geht.

Der Richtungswechsel stinkt mir ungeheuer.

Ich jage weiter nach Osten, aber die Zelle verliert an Form. Ein neuer Sturmkeil versucht, nach Nordosten abzuhauen. Ich kann ihn einholen, wenn ich mich beeile. Diesmal will ich mittendrin sein. Gerade noch gelingt mir eine einzige Aufnahme, dann beendet eine Staubböe das Fotografieren an diesem Tag.

Ich kann ihn einholen, wenn ich mich beeile. Diesmal will ich mittendrin sein.

ERIC: Während wir im Gasthaus in Kit Carson essen, flackert das Licht. In typischer Sturmjägermanier vermuten wir, dass Wind oder Blitze das Netz stören, daher überprüfen wir die Daten. Und tatsächlich ist in der Nähe was im Gange. Also beenden wir schnell das Mahl und brechen wieder auf. Wir werden mit einem wunderschönen niederschlagsarmen Gewitter mit klaren Aufwindlinien belohnt.

Später am Abend halten wir wegen einer Konvektion auf der Prärie Colorados an. Hier sind wir im absoluten Niemandsland, kein Ton ist zu hören, und **die Sterne krönen diese leicht unheimliche, stumme Formation in der Ferne.**

POLARLICHTER

Polarlichter sind die Folge von Bereichen niederer Temperatur auf der Sonne, die zu Sonnenflecken mit starker magnetischer Aktivität führen und starke Explosionen in der Sonnenatmosphäre hervorrufen können, die Protuberanzen oder »koronaren Massenausstoß« auslösen. Sonnenwind strömt beständig von der Sonne weg, aber unsere Atmosphäre hält die elektrisch geladenen Teilchen ab. Doch einige verirren sich in unsere Atmosphäre und werden in Richtung der beiden Pole gedrückt, weshalb die Wahrscheinlichkeit, Polarlichter im äußersten Norden oder Süden des Planeten zu sehen, höher ist. Die hohe Energie bei Protuberanzen sorgt dafür, dass die Atmosphäre mehr Partikel einfängt und sich besonders weiter südlich die Chancen für Polarlichter erhöhen.

Polarlichter treten auf, wenn die geladenen Teilchen sich mit den Elementen der Atmosphäre etwa 100 km über der Erde vermischen und Licht aussenden. Stickstoff kann rot, blau oder lila werden, Sauerstoff grün oder rot. Wie das alles abläuft, ist ziemlich kompliziert und wissenschaftlich noch nicht ganz erfasst. Wenn ein Massenausstoß entsteht, meldet der Wetterdienst das, und dann weißt du, dass die Teilchen in etwa 24 bis 36 Stunden auf die Erde treffen.

Ungewöhnliche Himmelserscheinungen sind mein Ding. Und Polarlichter können die verblüffendsten Szenarios überhaupt hervorrufen. Auch wenn diese Himmelserscheinungen eigentlich keine Stürme sind, interessieren sich viele Menschen, die das Wettergeschehen verfolgen, für Polarlichter. Viele Jäger machen sich aber nicht die Mühe, sie »einzufangen«, weil die Chancen auf eine Niete höher sind als bei Gewittern. Außerdem verlangen sie nächtliche Aktivitäten, die viele Leute scheuen. Oft habe ich Stunden gewartet, ohne dass sich irgendetwas abspielte, oder bin gegen zwei Uhr früh heimgegangen, worauf eine Stunde später alles Mögliche passierte. Auf der Jagd nach Polarlichtern musste ich nie weit fahren, denn alle habe ich nahe Blair, Nebraska, gesehen.

Der Anblick von Polarlichtern und Aufnahmen davon können zu ganz unterschiedlichen Erfahrungen führen. Manchmal kann das bloße Auge nicht viel sehen, aber die Aufnahmen fangen erstaunliche Farben ein. Nordlichter (oder *Aurora borealis*) in Bewegung zu sehen ist unheimlich und ergreifend.

2004

Mein erstes Polarlicht erwischte ich im November 2004 und war echt dankbar dafür. Zweifelsohne verstärkte meine Situation damals die Liebe zu Polarlichtern, denn ich hatte im Frühjahr meinen Job gekündigt, doch das Geld, das mich durch die Jagdsaison gebracht hatte, wurde nun knapp. Diese Aufnahmen verbreiteten sich jedoch über eine E-Mail-Kette, die auf meine Startseite verwies, sodass eine Million Leute meine Seite besuchten. Dieser Erfolg bewahrte mich vor einer deprimierenden Rückkehr in eine »normale« Anstellung.

Die Lightshow ging am Abend vorwiegend mit Grüntönen los (oben links), schwächte sich aber ab. Gegen Mitternacht wurde sie wieder intensiver. Diesmal war sie deutlicher und oberflächennah und vermittelte mehr Dramatik. Etwa um 1 Uhr 40 war der Höhepunkt erreicht. Ich befand mich mitten in einem surrealen Geschehen, das sich über den ganzen Horizont erstreckte. Es war einfach ungeheuer, diese Bänder superschnell über mir und im Süden irrlichtern zu sehen, so als ob Nebelschleier mit 1000 km/h in Wellen herumdüsten. Der Rotanteil war sehr stark und auch mit bloßem Auge erkennbar.

Es war einfach ungeheuer, diese Bänder superschnell über mir und im Süden irrlichtern zu sehen, so als ob Nebelschleier mit 1000 km/h in Wellen herumdüsten.

2005

Diese Lightshow im Mai (oben links) entstammt einem extremen geomagnetischen Sturm am obersten Ende der Skala. Sie ging schier endlos weiter und kam gegen 2 Uhr 30 an einem Sonntagmorgen richtig in Fahrt. Die Aufnahmen wurden mit einem 17–40er-Objektiv bei 400 ISO gemacht, die meisten bei 17 mm mit einer Belichtung zwischen 10 und 30 Sekunden.

Die Rottöne (oben rechts) sind nicht so beweglich wie die Grüntöne, sie präsentieren sich oft als Mauer oder bewegliche Lichtsäulen. Schließlich kroch ich um halb drei über das Dach meiner Eltern, um eine noch bessere Sicht zu erhalten. Die Violetttöne hier (auf der rechten Seite) sind äußerst selten. Mein Vater genoss die Lightshow mit mir.

Schließlich kroch ich um halb drei über das Dach meiner Eltern, um eine noch bessere Sicht zu erhalten.

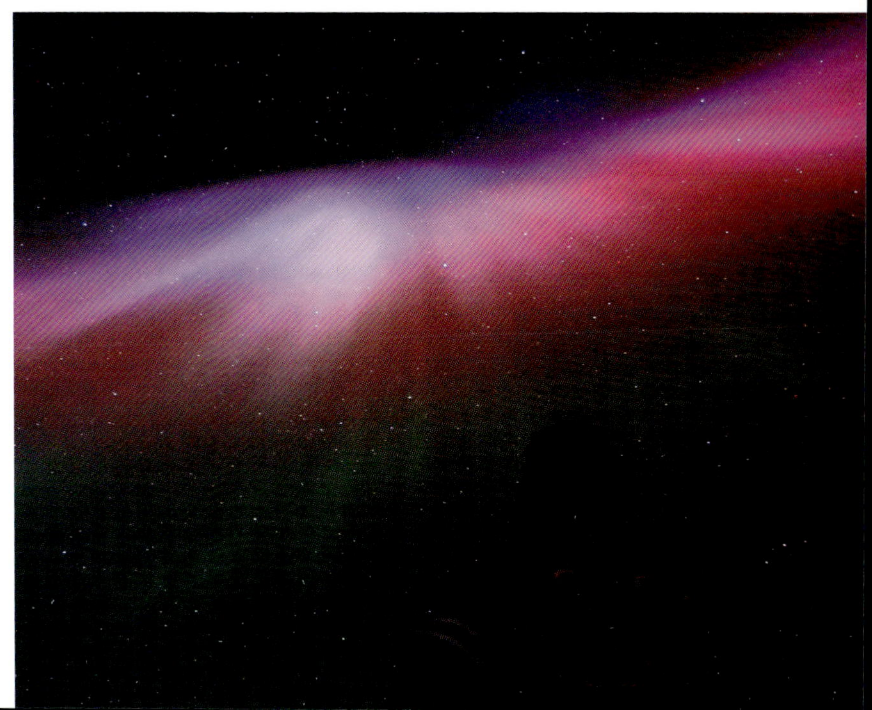

2006

Ich war sicher, diesmal würde es ein schrecklicher Reinfall werden. Die Nacht davor hatte ich etwa ab vier Uhr früh Posten bezogen, aber es wurde nur eine langweilige Warterei, sodass ich Langzeitbelichtungen von meinem Auto und vom Himmel machte. So ging ich gegen acht Uhr mit vielen tollen Aufnahmen von meinem Auto, aber ohne eine einzige von einem Polarlicht ins Bett.

Kurz nachdem ich mich hingelegt hatte, traf der Sonnenwind die Erde. Aber da es Tag war, gab es eigentlich nichts zu sehen. Es sah gut aus, als ich um halb zwölf kurz aufwachte, dennoch dachte ich nicht, dass es bis zur Nacht anhalten würde. Als ich um halb zwei aufstand, war eine »Wolkenfabrik« entstanden, sodass die große Frage war, ob es klar genug bleiben würde. Als es dunkel wurde, verzogen sich die Wolken allmählich, trotzdem war nicht viel zu sehen. Ich benutzte daher die Kamera als Frühwarnsystem für Himmelslichter, die ich mit bloßem Auge nicht sehen konnte. Es war direkt ein Schock, dass sie in der Kamera erschienen. Also düste ich nach Norden und benachrichtigte Freunde von dem Ereignis.

Als es in Fahrt kam, war das Polarlicht noch trüber als in früheren Fällen (oben), also knipste ich mit 800 ISO bei größerer Blende. Dieser geomagnetische Sturm war noch jung, und die Bz-Komponente hatte sich noch nicht so weit nach Süden verschoben. Auch wenn die Vorführung nicht so weit südlich wie frühere stattfand, war das Schauspiel gerade nah genug, um die Lichter auf meinem Breitengrad sichtbar zu machen. Es war faszinierend, die Polarlichter durch die Wolken schimmern zu sehen.

Als ich diese Aufnahme machte (gegenüber, li. o.), sauste eine wahnsinnige Sternschnuppe über den Himmel; der Anfangspunkt ihrer Bahn ist oben links am Bildrand zu sehen. Es war die beste Sternschnuppe, die ich je gesehen hatte, und so freut es mich besonders, dass ich sie ein bisschen erwischt habe (gegenüber, re. o. und re. u.).

Unten am Fluss sah es um 20 Uhr gut aus, aber das Polarlicht verlor nach und nach seine Intensität (gegenüber, li. u.). Die Meteoriten waren erstaunlich aktiv; ich muss in dieser Nacht etwa 50 gesehen haben!

Das war eines meiner erstaunlichsten Jagderlebnisse.

GRAND ISLAND, NEBRASKA

10. Mai

Ich habe das Gefühl, eine Inschrift in den Quellwolken verkündet in großen Lettern: »Wir werden dich enttäuschen!«

MIKE: Das war eines meiner erstaunlichsten Jagderlebnisse. Ich brauche nicht unbedingt einen Tornado zu meinem Glück, und so stellte hier die unglaubliche Formation alles in den Schatten. Unwetter wie dieses greifen deine Sinne in großem Stil an: Wind, Formen, Veränderungen, Blitzeinschläge und Lärm ergeben zusammen eine fantastische Erfahrung. Es war auch schön, mal mit so vielen Freunden zu jagen.

An diesem Tag mochte mich mein Auto nicht. Nachdem ich alles im Wagen eingestellt habe, stoße ich mir beim Aussteigen den Hinterkopf am Rahmen an. Es war zum Glück nicht so schmerzhaft. Ich beuge mich wieder rein, um etwas zu richten – da passiert mir wieder das Gleiche, nur dass ich diesmal beinahe k.o. gehe. Ich bin kurz benommen. Aber das Auto ist noch nicht mit mir fertig.

Ich möchte in Columbus haltmachen und hole mir Daten aus einem Motel mit einem Hotspot. Zwei Gebiete sehen im Satellitenbild gut aus: eines im Südwesten bei Grand Island und das andere gleich bei mir im Südosten. Ich habe das Gefühl, eine Inschrift in den Quellwolken verkündet in großen Lettern: »Wir werden dich enttäuschen!« Das änderte sich auch während der nächsten Stunde nicht. Daher setze ich mich in Bewegung, um südlich von Columbus einen anderen Jäger, Randy Chamberlain, zu treffen. Da schlägt das Auto wieder zu. Diesmal klemmt die zufallende Tür mein Bein ein, trifft einen Nerv und jagt mir einen Schmerz durch alle Glieder. Verdammt! An den Zehen-

Eine Tornadowache wird initiiert, und wir treffen uns mit Steve Peterson und J. B. Dixon. Erstaunt nehme ich wahr, dass Quellwolken hochschießen, denn in den letzten paar Stunden hatte ich eher ihren Zusammenbruch erwartet. Richtung Grand Island sieht es toll aus, also fahren wir dorthin. Unterwegs hören wir eine Tornadowarnung für das Gewitter dort, aber wir haben erst die Hälfte geschafft, und es ist noch weit zu fahren. **Ich bastle mir mit Steve über Handy eine Route nach Chapman zusammen, wohl wissend, dass eine viel befahrene Eisenbahnlinie die Strecke schneidet. Aber ich hoffe das Beste.** Natürlich sehen wir unterwegs dann einen Zug nach Südosten sausen, also müssen wir Dampf machen und ihn überholen, damit er uns am Übergang bei Chapman nicht aufhält. Der Zug hat schätzungsweise knapp 100 km/h drauf, aber wir holen auf und könnten es noch knapp schaffen. **Plötzlich biegt vor uns ein Sattelzug ein – das war's dann wohl. Verdammt!**

Aus irgendeinem Grund **hat der Fahrer ein Einsehen und lässt uns vorbei**, also trete ich das Pedal durch und rumple über den Übergang, als die Warnlichter gerade zu blinken anfangen. Drei von uns schaffen es, bevor die Schranke runtergeht, aber J. B. hinten erschlägt sie fast, er quetscht sich gerade so durch. **Huh! Die Fahrt an sich war schon ein Wahnsinn, und das Gewitter nimmt allmählich auch gute Formen an.**

Schon ist zu sehen, wie der rückseitige Fallwind Dreck aufwirbelt. Er baut sich auf, lässt nach, kommt aber wieder mächtig in Fahrt. **Es bildet sich ein hübscher Biberschwanz.**

Jäger fliehen vor dem Fallwindstaub, der uns den ganzen Abend über einzuhüllen droht.

Da wird mächtig was angesaugt. Winde von über 60 km/h wirbeln eine Menge Dreck auf. An der Wolkengrenze herrscht diesige Feuchtigkeit.

Da etwa wurde das Fotografieren irgendwie lustig. Schwaches Licht lässt sich leicht ausgleichen, aber das Stativ bei diesem Wind stillzuhalten und die lange Belichtungszeit werden zur echten Herausforderung. Durch die leichte Überbelichtung wirkt das Bild heller, als es für uns war.

Das Licht ist gerade recht. Es wird dunkler, denn die Sonne ist vermutlich schon hinterm Horizont.

Das Stativ bei diesem Wind stillzuhalten und die lange Belichtungszeit werden zur echten Herausforderung.

Einige Blitze erhellen die Umgebung, was bei einer Belichtung von fünf Sekunden und Blende 4,0, aber mit auf 400 hochgepuschten ISO für die Brillanz sorgt.

Auch wenn die Sonne schon vor 30 Minuten untergegangen ist, bleibt noch genügend Licht, um den Horizont durch lange Belichtungszeit aufzuhellen. Der Lichtstreifen stammt von Autoscheinwerfern.

Bei dieser Aufnahme ist die Belichtung kurz und gibt die Formation gut wieder. **Plötzlich – Zack! – schießt ein kräftiger Blitz aus den Wolken. Was für ein beeindruckendes Gewitter!**

Als wir mit Randy im Schlepptau nach Omaha fahren, um das Ende des sich entwickelnden Bogens zu erwischen, **beuteln uns Winde mit über 100 km/h, die südlich der Interstate Bäume ausreißen.** Auf einmal fliegt ein Ast von der anderen Straßenseite her – er muss ewig in der Luft gewesen sein und kracht jetzt herunter. **Was für ein Tag!**

Sieht aus, als würde die Sonne gerade untergehen, aber sie ist schon einige Zeit abgetaucht; es ist eigentlich schon Nacht. Ich wähle eine lange Belichtungszeit, um Blitze einzufangen und die Formation zu zeigen. Die nächsten Aufnahmen sind meist 20 Sekunden lang belichtet, bei Blende 7,1 mit 100 ISO.

Dieses großartige Gewitter hält mich fast den ganzen Tag auf Trab.

HILL CITY, KANSAS

9. Juni

ERIC: Scott Blair und ich haben Colby City, Kansas, im Visier, wo Scherwinde und Instabilität an einem Trockenkeil günstige Bedingungen für Superzellen bilden. Eine Luftmassengrenze baut sich im Nordosten von Kansas auf und zieht gleich hinter Hill City nach Südosten. Der Auftakt misslingt – wir sind einem Schlauch näher gekommen, als mir lieb ist. Dennoch erwischen wir zwei Superzellen an diesem Tag, erleben eine abenteuerliche Jagd und bekommen Spektakuläres geboten.

MIKE: Dieses großartige Gewitter hält mich fast den ganzen Tag auf Trab. **Sosehr ich die Jagd genieße, am Ende bin ich müde, gestresst und will nur noch in meinem Motelzimmer relaxen.**

Unterwegs nach Hill City, Kansas, gerate ich in schweren Hagel. Es entwickelt sich eine schöne Mauerwolke, die nach Tornados aussieht. Als ich einen guten Kilometer östlich von Hill City haltmache, bemerke ich, wie sich ein Tornado bildet. Er wird sehr groß und stark und entwickelt eine erstaunliche Dynamik.

ERIC: Ich bin knapp entkommen und fühle ich mich bereits wie gerädert, aber zum Glück hat der Sturm gehörig was zu bieten und ist noch jung. Ein Ofenrohrtornado wirbelt viel Dreck auf, und von Norden wird heftig Luft angesaugt.

Regen verdeckt den Tornado. Er verliert an Kraft, bewegt sich aber auf uns zu. **Einmal knapp zu entkommen reicht am Tag, also ziehen wir uns zurück.**

Ich bin knapp entkommen und fühle ich mich bereits wie gerädert, aber zum Glück hat der Sturm gehörig was zu bieten und ist noch jung.

Die Wolkenunterseite rotiert unglaublich – am rechten Rand des linken Bildes –, und ich erwarte jede Minute, dass ein neuer Tornado kommt, doch überraschenderweise rappelt sich der alte Tornado noch mal auf, gewinnt links bzw. südlich des Sturms wieder an Kraft und berührt den Boden.

Die Formation ist einfach atemberaubend.

Das ferne Dröhnen wird allmählich zum furchtbaren Brüllen.

ERIC: Als der Tornado unsere Straße erreicht, wird er immer breiter und bricht nach keiner Seite mehr aus. Er rast direkt auf uns zu. Haben wir ihn etwa beleidigt? Das ferne Dröhnen wird allmählich zum furchtbaren Brüllen, und wir stellen entsetzt fest, dass er höchstens 300 Meter entfernt ist. Wir sausen rasch in die Gegenrichtung, denn es sieht so aus, als würde er die Straße nehmen und Hill City auslöschen, das nur 1500 m entfernt ist.

Nördlich von Palco, Kansas, bekommen wir zwei neue Tornados serviert. Der erste sieht wie der Rüssel eines weißen Elefanten aus und wirbelt stark, der zweite nimmt die Form eines Kegels an.

Der Sturm sieht nun schlichtweg überwältigend aus, wie er sich um den Tornado wickelt – ein begeisternder Anblick. Hier ist nur die nördliche Hälfte zu sehen, aber die ist besorgniserregend genug.

Kondensation fällt, was den Sturm wieder aus der Balance wirft. Zum Glück dreht er nach Süden ab und jagt an Hill City vorbei, dafür jedoch auf mich zu. Hagel macht mir ebenfalls zu schaffen, darum ziehe ich mich zurück. Ich dachte, ich hätte genug Zeit und Platz, um davonzukommen, aber auf einmal werde ich aufgehalten, weil die Straße wegen Bauarbeiten einspurig wird! Da beschleicht mich eines der schlimmsten Gefühle, die ich je auf der Jagd hatte: Der Sturm zielt auf alle hier Wartenden, und eine gewaltige Mauerwolke hat sich genau südwestlich von uns gebildet. Sehen die Bauarbeiter

Da beschleicht mich eines der schlimmsten Gefühle, die ich je auf der Jagd hatte: Der Sturm zielt auf alle hier Wartenden … Sehen die Bauarbeiter denn nicht, was auf uns zurast?

denn nicht, was auf uns zurast? Ihre mangelnde Aufmerksamkeit hätte leicht zum Tod von Menschen führen können, wäre der Tornado nur leicht vom Kurs abgewichen.

Es ist ein überwältigender Sturm und eine packende Jagd, aber nun bin ich echt gestresst. Zu starker Regen verhindert weitere Aufnahmen, und meine Videokamera versagt wegen der Feuchtigkeit den Dienst. Grr ...

MIKE: Als ich den Engpass hinter mir habe, erreiche ich einen guten Platz für Standfotos. Im 17-mm-Weitwinkel sieht alles weiter entfernt aus als in Wirklichkeit.

Dieser neue Tornado ist recht schnell und imposant, kommt mir aber erneut ungemütlich nahe, sodass ich mich wieder zurückziehen muss. Ein dritter Tornado feuert los und zieht rasch nach Osten, also fahre ich mit dem Sturm im Nacken nach Stockton.

In den letzten zwei Stunden sind Tornados in einem fort auf mich losgegangen, daher reicht mir der Stress. Ich will nur noch ein Zimmer für die Nacht finden, doch irgendwie überrede ich mich, den Sturm im Süden zu umfahren und neue Unwetter mit Tornadopotenzial im Westen aufzuspüren. **Ich bin doch ziemlich erleichtert, als der Sturm nun nachlässt und ich mir in Hays ein Motelzimmer zum Relaxen nehmen kann.**

ERIC: Erst sehen diese neuen Tornados toll aus, aber sie werden von einer Regensäule verdeckt. So ziehen wir weiter nach Süden. **Doch wir hätten lieber bei unserem ursprünglichen Gewitter bleiben sollen, weil es stärker wurde und noch erstaunlichere Formen annahm.** Die schlammige Straße nach Süden ist kein Spaß, aber ich bin von dem neuen Anblick nicht enttäuscht. Das neue Gewitter hat verblüffende Formen und erzeugt etliche tolle Tornados.

Zum Rausfahren genügt mir der geringste Anlass.

NEBRASKA

10. August

MIKE: Meine Laune trübt sich, wenn ich mir die Kosten für Benzin auf meiner Kreditkartenabrechnung ansehe. Als ich mit der Jagd anfing, kostete die Gallone 1,20 $. Welche Strecken bei der Jagd zusammenkommen, ist verblüffend. Seit 2005 führe ich ein Fahrtenbuch, da bin ich inzwischen bei fast 29 000 km.

Im Südosten Nebraskas stoße ich auf interessante Wetteraktivitäten. Am Vorabend hatte ich mir die Benzinpreise angesehen und fand 2,70 $ an der Tankstelle in Blair ziemlich abtörnend. Ich fahre trotzdem los. Dreieinhalb Stunden später zahle ich in Cozad 3,20 $!

Allmählich befürchte ich, dass ich heute teure Zeit verschwende. Auf dem Highway gerate ich in einspurigen Kriechverkehr. Dieses Unwetter ist Mist, denke ich. Als ich durch die Regenfront bin, ist die Straße wieder frei, und ich kann vor das Gewitter fahren. Ich sollte es doch mit ihm probieren, also halte ich auf dem Seitenstreifen an. Hmmm ... – vielleicht gar nicht so übel.

Ich fahre an die Seite, um diese Sze-
ne einzufangen. In Nebraska ist auf dem Randstreifen Vorsicht geboten. Er heißt Sandspur statt Standspur!

Gut, Tornados sind nicht in Sicht, und es ist auch keine schöne Superzelle, doch zumindest kann ich nach der vierstündigen Fahrt dieses Abendrot vorweisen.

Ich bin müde und fern der Heimat. Eigentlich sollte ich es gut sein lassen. Doch es zieht mich weiter nach Süden. Bei Odessa biege ich von der Interstate Richtung Gothenburg ab, um zu sehen, ob an dem gemeldeten Gewitter etwas dran ist. Obwohl der Ausstoß stark ist, wird vor Tornados gewarnt, also warte ich ab und lasse den Sturm nach Osten ziehen.

Ich muss dem Gewitter nachjagen. Der Aufwind scheint nachzulassen. Es bilden sich Schichten, zwischen denen Blitze hin und her zucken.

Ich beobachte, wie der Sockel über mich hinwegzieht und der Mond ihn beleuchtet. Kein besonderer Tag. **Aber auch ohne große Stürme habe ich ordentlich was eingefangen,** was für eine Jagd im August reicht. Die vierstündige Heimfahrt ist nicht so schlimm, wie ich vorher dachte.

MEINE FAHRTEN 2005

30. März **915 km**

11. April **595 km**/18. April **655 km**/19. April **915 km**/20. April **870 km**/21. April **725 km**

7. Mai **980 km**/8. Mai **410 km**/10. Mai **525 km**/11. Mai **875 km**/12. Mai **410 km**/17. Mai **965 km**/21. Mai **465 km**/24. Mai **585 km**

2. Juni **1770 km**/4. Juni **860 km**/7. Juni **850 km**/8. Juni **875 km**/9. Juni **780 km**/10. Juni **1130 km**/13. Juni **940 km**/
20. Juni **1095 km**/26. Juni **1180 km**/27. Juni **670 km**/28. Juni **835 km**/29. Juni **1070 km**

2. Juli **570 km**/22. Juli **1110 km**/23. Juli **320 km**

9. August **330 km**/17. August **1130 km**/20. August **200 km**

12. September **980 km**/18. September **580 km**/24. September **575 km**

4. Oktober **265 km**

12. November **525 km**/27.–30. November **615 km**

www.ncar.ucar.edu

Hagel gehört zu den faszinierendsten Beobachtungen auf der Sturmjagd. Manchmal sind die Körner milchig und weich, dann wieder klar und hart, je nachdem, wie sie sich im Gewitter bilden. Natürlich sind sie umso beeindruckender, je größer sie sind, aber ihre Faszination liegt auch in den einmaligen Eigenschaften der Körner und im Niederschlag selbst. Wissenschaftliches zu Hagelschlag erfahren Sie auf S. 183.

Das größte je in den USA verzeichnete Hagelkorn fiel am 22. Juni 2003 in Aurora, Nebraska, hatte einen Durchmesser von 17,75 cm und wog 750 g. So ein Hagelschlag ergibt die erstaunlichsten Krater.

Große Körner können Geschwindigkeiten von mehr als 160 km/h erreichen und erheblichen Schaden anrichten. Aber die Gefahr, von einem Hagelkorn erschlagen zu werden, ist äußerst gering. Laut dem Wetterdienst gab es in den letzten hundert Jahren nur vier Todesfälle, doch die Sachschäden und die Zerstörungen in der Landwirtschaft belaufen sich auf Hunderte von Millionen Dollar Versicherungskosten pro Jahr.

Viele Jäger meiden die Niederschlagszonen mit Hagel, besonders wenn vor baseballgroßen Körnern gewarnt wird. Auch wer sich einem Gewitter von der falschen Seite nähert, kann seine Jagd schnell vergessen. Heftiger Hagel kann sehr leicht alle Fenster zertrümmern, weshalb viele Autos von Jägern Dellen, Lackschäden und manchmal auch Sprünge in der Windschutzscheibe aufweisen.

Körner mit Stacheln sind äußerst selten. Sie entstehen, wenn das Korn beim Wachstum herumwirbelt und die Zentrifugalkraft auf die Wassertröpfchen wirkt und sie während des Gefrierens nach außen zieht. Die Wirkung ist ähnlich wie die von Wasser auf einen Reifen beim Fahren durch einen Blizzard: Dann bilden sich Eiszapfen wie an einer Dachkante. Klar, dass niemand in ein Unwetter mit solch martialischen Hagelkörnern geraten will.

Die Niederschlagszonen von Hagel sehen weißer aus als die von Regen und sind schon aus der Ferne zu erkennen. Die Größe der Körner, die ein Sturm ausspuckt, erkennst du jedoch erst, wenn du nahe genug dran bist ...

Hagelkörner fallen nicht immer gleich dicht. Es ist allerdings nicht ungewöhnlich, dass der Boden völlig bedeckt ist und ein Frühlingstag zu einer Eispartie wird.

Die Fallenergie von Hagel kann dazu führen, dass sich die Körner teilweise in den Boden bohren. Der Hagel braucht gar nicht so groß zu sein, um Minikrater an der Oberfläche zu hinterlassen.

Am 5. Mai 2006 fanden wir im texanischen Seminole tennis- bis baseballgroße Körner, die nach einem besonders heftigen Unwetter, das langsam durchzog, ein Feld völlig bedeckten. Die schiere Dichte des Hagels ließ auf sicheren Schaden an Häusern in dem Gebiet schließen und zertrümmerte die Scheiben einiger Jagdfahrzeuge, einschließlich unserer eigenen Windschutzscheibe.

Am 5. April 2003 gab es in Woodson, Texas, ziemlich starken Hagelschlag. Wir folgten einem Tornadogewitter, als wir in einen fürchterlichen Schauer mit Körnern größer als Basebälle gerieten, die unsere Rückfenster einschlugen. Es war viel zu gefährlich, die Autos zu verlassen, also mussten wir abwarten. Da die Straßen mit Hagel und Eis bedeckt waren, konnten wir dem Unwetter nicht folgen und mussten zusehen, wie ein gewaltiger Hagel den Ort Graford überzog, bevor wir unseren Schaden notdürftig beheben und das Wasser aufwischen konnten. Später sahen wir die Wirkung so eines Unwetters auf Wildtiere: Wir fanden einen Pelikan, der wohl im Flug getroffen und auf der Stelle getötet worden war.

Wir folgten einem Tornadogewitter, als wir in einen fürchterlichen Schauer mit Körnern größer als Basebälle gerieten, die unsere Rückfenster einschlugen. Es war viel zu gefährlich, die Autos zu verlassen, also mussten wir abwarten.

Wow! Da schoss im Süden ein Turm in die Höhe.

HIGHWAY 77, OKLAHOMA

2. Juli

ERIC: Der Juli war da, daher hatte ich keine große Hoffnung auf eine Jagd, doch die Bedingungen für eine Superzellen-Entwicklung waren gut – hohe Instabilität in der Atmosphäre und bodennahe Scherwinde entlang einer stationären Front. Ich behielt das Radar im Auge. Gegen 18 Uhr schaute ich hinten aus dem Fenster. Wow! Da schoss im Süden ein Turm in die Höhe. Das wäre eine Jagd wert, wenn es zu Niederschlag käme. So packte ich meine Sachen und fuhr los.

Auf dem Weg nach Süden stoße ich nördlich von Bryars, Oklahoma, auf baseballgroßen Hagel, der schon angeschmolzen ist, aber immer noch Körner mit 6 bis 7 cm Durchmesser und verkümmerten Stacheln aufweist.

Kurz vor Stratford sehe ich, dass die Zelle ganz schön heftig zu rotieren anfängt und eine exzellente Mauerwolke zeigt. Ich fahre nach Süden weiter, damit ich alles im Weitwinkel vor mir habe.

Wenn nur jede Jagd so einfach wäre!

Die Rotation ist noch immer sehr stark. Als dann Böenwolken kondensieren und rasch in den Aufwind steigen, **frage ich mich, ob ein Tornado dabei herauskommt.** Ich habe nun einen Tellerstapel-Meso vor mir, dessen Entwicklung vom Highway 77 aus toll zu beobachten ist.

Die Formation verliert den Zusammenhalt und wird zu einer klassischen LP-Superzelle. **Die untergehende Sonne wirft ein herrliches Licht auf die schwächer werdende Formation, als sie abzieht.** Die ganze Jagd hat nicht länger als zweieinhalb Stunden gedauert, ich bin nur knapp 60 km weit gefahren und mit dieser großartigen Szene belohnt worden. Wenn nur jede Jagd so einfach wäre!

Zum Glück ist der Sturm noch schwach, aber es ist dennoch ein Schock.

HEBRON, NEBRASKA

24. Mai

MIKE: An diesem Jagdtag schlief ich viel zu lang. Ich wusste, dass etwas los sein könnte, aber aus irgendeinem Grund wachte ich erst um 11 Uhr 30 auf und setzte ich mich sofort an den Computer. Das Sturmprognosezentrum hatte zum Zielgebiet bereits eine PDS-Box eröffnet (Particular Dangerous Situation), und ich hätte längst auf der Straße sein sollen. Nach hektischen Vorbereitungen war ich unterwegs Richtung Süden …

Gleich südlich von Lincoln sehe ich Tornadoschäden. Durch eine zwei Tage alte Tornadoschneise in gefährdetem Gebiet zu fahren – das ist Nebraska 2004.

ERIC: Während sich östlich von uns mesozyklische Tornados entwickeln, bildet sich eine Handvoll Windhosen im Westen und schießt Dreck ins Gewitter.

MIKE: Wir sind so in die Betrachtung der Windhosen versunken, dass wir auf das, was hinter und über uns vorgeht, nicht recht achten. Ein Tornado bildet sich genau über uns, und wir finden uns mitten in intensivem Wind wieder, mit Staubwirbeln überall um uns herum. Das hält etwa 20 Sekunden an. Zum Glück ist der Sturm noch schwach, aber es ist dennoch ein Schock.

ERIC: Wir lauern 70 km östlich von Hebron und bemerken, wie im Osten ein Sturm losbricht. Aber wir zögern hinzufahren, weil im Westen vor größeren Gefahren gewarnt wird. **Wir sind unschlüssig, fahren zuerst nach Osten, dann nach Westen.** Schließlich legen wir uns auf den Westen fest, wo die Trockenlinie und die Warmfront sich schneiden.

Bald nach unserer Ankunft knapp 30 km östlich von Hebron legt ein Sturm los und beginnt rasch zu rotieren. Wir rasen westwärts und erblicken unseren ersten Tornado in der Ferne.

Der Schlauch wächst weiter und wird zum Kegel, der langsam nach Osten zieht und eine braune Dreckfahne mitschleppt.

Wir sind so in die Betrachtung der Windhosen versunken, dass wir auf das, was hinter und über uns vorgeht, nicht recht achten. Ein Tornado bildet sich genau über uns, und wir finden uns mitten in intensivem Wind wieder, mit Staubwirbeln überall um uns herum.

Wieder formt sich im Westen eine Windhose, diesmal klarer und stärker. Staub reicht im Kanal bis auf halbe Höhe und beginnt dann zu fallen. Das sieht sonderbar aus, wie ein Seidenkleid, das zu Boden gleitet – vielleicht ein schräger Vergleich, aber daran musste ich denken. Ein weiterer Tornado entsteht im Nordosten, **also haben wir gleichzeitig drei Tornados am Boden! Der Tag wird allmählich interessant!**

Wir versuchen, an die Flanke des Sturms zu kommen, und behalten den Kegeltornado im Nordosten im Auge. Er wird seilförmig und dreht nach Süden – wieder auf uns zu. Bei Böen von bis zu 80 km/h wollen wir warten, bis er zerfällt, bevor wir ein neues Manöver riskieren.

Das Seil pendelt vor uns herum, nähert sich uns bis auf 180 m. Wir vereinbaren, wenn er noch näher kommt, dann fliehen wir nach Westen, um den Hagel im Osten zu umgehen. Aber das Seil wird nadeldünn und geht im größeren Tornado im Norden auf. Auf diesen Tornado erhalten wir keine tolle Sicht, aber Mike schafft es trotzdem, ihn abzulichten.

MIKE: Der Tornado, der mächtigste in diesem Sturm, pflügt sich durchs Land.

Der Schlauch wird dünner, wirbelt aber weiterhin Staub auf. Die Dreckfahne bewegt sich wie von Zauberhand, zieht Staub hoch und schleudert ihn weiter oben wieder aus, wie eine anhaltende Explosion. Ich wünschte, ich wäre näher herangekommen.

Die Formation zieht sich in die Länge und wird unterschnitten. Dieser letzte Tornado ist schwächer, aber nahe genug, um ihn schön abzulichten.

Der Tornado, der mächtigste in diesem Sturm, pflügt sich durchs Land.

ERIC: Auf dem Highway 81 in Kansas erwischen wir den letzten Tornado, dem wir schleunigst auf den Pelz rücken. Doch er verfliegt und wird so schwach, dass die Winde ihn in verschiedene Richtungen drücken und ihn aufspalten. Warnsirenen jaulen im Hintergrund, als einige Ortsansässige mit uns den schrumpfenden Tornado ansehen. Unsere Jagd ist beendet.

Wir kommen an der Cyclone Lane vorbei. **Eines Tages werde ich einen Monstertornado bei diesem Schild erwischen.**

MIKE: Der Tornado fährt über dem Highway seinen Rüssel aus. Ich glaube nicht, dass die Leute auf der Fahrbahn das Geschehen über ihnen mitbekommen.

Ich fahre weiter nach Osten, als der Sturm in sich zusammenfällt, aber immer noch einen Blick wert ist.

MIKE: Ich lasse die Böenfront heranziehen. Da bricht die Sonne unter der Flankenlinie durch. Diese Szene hat ihren eigenen Reiz. Immer mehr Blitze zucken herab. Bei diesem Gewitter im Freien zu bleiben ist nicht die beste Idee, also springe ich ins Auto. Während ich dem Sturm nach Osten folge, behält er noch seine tolle Form, liegt aber in den letzten Zügen. Zeit zur Heimfahrt.

Auf der Rückfahrt gehen bei Topeka etliche Superzellen hoch und bekommen sofort Tornadowarnungen verpasst. **Ich ringe mit mir, ob ich ihnen nachfahren soll, entscheide mich aber, es gut sein zu lassen** und den Anblick dieser atompilzähnlichen Gebilde auf dem Weg nach Hause zu genießen.

Diese Szene hat ihren eigenen Reiz.

Tatsächlich, 60 km südlich braute

ALVO, NEBRASKA

13. Juni

MIKE: Ich bin gegen 16 Uhr heimgekommen. Ich wusste von einer starken Strömung, die sich ins südöstliche Nebraska vorschob, doch ich erwartete nichts mehr von dem Tag. Aber daheim erhielt ich einen Anruf von Randy Chamberlain wegen einer Tornadowarnung in der Gegend. Ich war hellwach.

Tatsächlich, 60 km südlich braute sich ein Ungetüm zusammen. **In null Komma nichts war ich im Auto und fuhr los …**

Steve Peterson hatte mich vorher angerufen und gefragt, ob ich den Tornado bei Waverly gesehen habe. Er sagte, einen solchen Sturm habe er noch nie gesehen. Steve untertreibt gewöhnlich, also musste es schon was Besonderes sein. Als ich den ersten Blick erhasche, sehe ich, was er gemeint hat. Ich halte an und nehme das Biest auf Video auf. Auf dem Video bin ich zehnmal zu hören, wie ich »Wahnsinn!« sage.

Während ich mit dem Sturm nach Süden ziehe, wird er immer wilder. Ich baue die Kameras auf und stütze ganz geplättet das Kinn aufs Fenster.

Der Sturm rotiert wahnsinnig und sieht irre aus. Das Donnergrollen ist konstant, aber ich sehe keine Blitze. Vögel zwitschern neben mir, aber als der Sturm näher kommt, werden die Laute seltsam, dann ist es still. Nur noch sporadisch sind die Vögel zu hören, und es klingt wie »Oh, Mist«!

Der Spalt in der Sturmmitte teilt den unteren Bereich. Das ist der rückseitige Fallwind, der hervortritt und den hinteren Teil abtrennt. Einige ungewöhnliche, kleine Tornados folgen diesem Vorgang und bringen noch mehr rasche Rotation in den bewölkten Bereich.

Die Entwicklung dieser Tornados ist ganz sonderbar: **Ich weiß nicht, ist es ein geteilter Wirbel oder haben sich zwei ineinander verschlungen.** Der Fallwind setzt sich vor die Tornados und geht dann wieder zurück. Regen verhüllt das Gebiet, die Tornados ver-

Ich fahre mit über hundert Sachen, doch die Wolken des Fallwinds überholen mich.

schwinden. In den Regenbändern ist noch Rotation vorhanden. Ich lasse alles nah an mich heran, bevor ich lossause, um mitzuhalten. Ich fahre mit über hundert Sachen, doch die Wolken des Fallwinds überholen mich.

Der Fallwind zerreißt die Zelle. Er saust voraus und lässt sie hängen, als sie keinen Saft mehr vom Boden bekommt. Sie sehen im oberen linken Teil des Bildes die Bö vor dem Unwetter. Der Sturm treibt nach Südosten weiter und löst sich so gut wie auf.

Da rufe ich einige TV-Sender an, denen ich ein paar Aufnahmen verspreche. Auf halbem Weg nach Omaha fällt mir ein bombiger Zustrom auf, genau auf der Strecke des gerade verendeten Sturms. **Ich habe noch nie erlebt, dass etwas Tolles völlig verschwindet und dann in knapp einer Stunde wieder zu alter Größe aufläuft.** Wieder wird vor Tornados gewarnt. Ich fahre los. Ob ich es bis zur Dunkelheit schaffe? Die Sender warten schließlich auf mich! Auf der Interstate behalte ich das zweite Leben dieses wunderlichen Sturms im Auge.

Ich fahre wieder nach Blair, Nebraska, nachdem ich den irre aussehenden Sturm in Alvo am frühen Abend gesehen habe. Noch um vier Uhr früh bin ich wach, da sehe ich diesen aufgefächerten Sturm. Eigentlich bin ich hundemüde, aber mit zwei Unwettern an einem Tag kann ich nicht hadern. Die erleuchteten Fenster eines Wohnblocks und eine wirklich lange Belichtung bringen Licht ins Dunkel und lassen die Szene noch surrealer wirken.

Heute erwischte ich eine Reihe absolut

O'NEILL, NEBRASKA

12. Juli

MIKE: Durch Nebraska zieht in der Regel im Juli eine Superzelle nach Süden, aber es lässt sich schwer sagen, wann es passiert. Oft sind die Bedingungen für ein Unwetter nicht günstig. Aber an diesem Tag erwischte ich eine Reihe absolut ungeheuerlicher Superzellen.

Ich sitze hier an der Grenze von Nebraska und South Dakota, drei Kilometer nordwestlich von Spencer, und schaue mir die tornadoverdächtige Superzelle etwa 30 Minuten lang an. **Baseballgroße Hagelkörner gehen nieder.** Derzeit sind zwei größere Unwetter in der Nähe, die ich beide beobachte. Das im Süden sieht etwas vielversprechender aus.

Nun gibt es drei interessante Bereiche, da sich vom O'Neill-Sturm ein Teil abgespalten hat. **Ich entwische dem Sturmzentrum der Abspaltung, aber das des O'Neill-Sturms verschlingt mich fast.** Dem Hagel kann ich gerade noch entkommen.

Anscheinend war der Kern des O'Neill-Sturms ziemlich übel, denn er lässt baseballgroße Körner niedergehen. Beim Blick zurück auf den Sturm kann ich einen bombastischen Aufwind sehen. Die Winde oben sollten so weit im Süden nicht derart stark sein, aber das ist egal, wenn sie die Grenzlinie südsüdwestwärts überschreiten. Konvektion südlich davon macht mir mehr Sorgen – wo will sie hin? Ich denke, sie zieht mit dem anderen Unwetter südostwärts ... Falsch!

Nachdem ich eine Stunde auf Schotterpisten durch sandiges Niemandsland gepflügt bin, erreiche ich den neuen Aufwind südlich des großen O'Neill-Sturms. Der Anblick wird mir auf der ganzen Fahrt vermiest, da diese Konvektion den nördlichen Sturm einschnürt und auffrisst. Niederschlagsgekühlte Luft aus dem Norden hilft, die Ost-West-Grenze des neuen Sturms zu verstärken. Dort verbinden sie sich. Wie es aussieht, reichen ihre Spitzen auf 20 000 bis 21 000 m Höhe.

Er bewegt sich kaum. Ich steige auf Video um. Das ist sicher das beste Gegenlicht für einen Tornado, das ich je hatte. **Da ist die erste Staubfahne. Ist dieses Ding riesig!**

Beim Blick zurück auf den Sturm kann ich einen bombastischen Aufwind sehen.

Der Ost-West-Zustrom dreht durch. Beachten Sie die Rundung des Sturms, dessen Zufuhrwall sich östlich davon erstreckt.

Rasch bildet sich ein Schlangentornado. Diese Form behält er fast sein ganzes Leben lang bei. Schließlich wird er breiter, und ich bekomme etwas Niederschlag ab. Er bewegt sich kaum und bleibt über fünf Minuten lang unverändert.

Der Regen drischt los, und der Tornado wird zu dieser sehr weiten Trommel, ganz in Regen gehüllt. **Irgendwo da drin sind zwei Häuser, die abgedeckt werden.**

Ich platziere mich vor den Tornado und will gerade schnell nach Süden abziehen, als ich im Westen einen neuen Tornado entdecke.

Mühsam versuche ich, meinen Kurs zu ändern, als das Biest ebenfalls die Richtung wechselt, von Südsüdwest auf Süd und dann auf Ost dreht. Ich fahre mit über 100 km/h auf dem Highway, doch es versucht mich zu überholen. Südöstlich von North Loup sehe ich, **was für ein Monster es geworden ist.**

Endlich habe ich die Gelegenheit, anzuhalten und den Anblick in mich aufzusaugen. Ich schaue nach Westen ... und nach Norden. Ich habe ja gesagt, ein Monster! Um das Maß vollzumachen, nimmt es den ganzen Himmel ein.

Mühsam versuche ich, meinen Kurs zu ändern, als das Biest ebenfalls die Richtung wechselt.

MAMMATUSWOLKEN

Eine allgemeine Fehleinschätzung lautet, dass Mammatuswolken Hinweise auf einen Tornado oder starke Unwetter darstellen. Mammatuswolken bilden sich in der Regel unterm Amboss von Gewittern, allerdings können sie auch in fast jedem Wolkentyp in »unwetterfreier« Umgebung auftreten. Diese Fotos zeigen Mammatuswolken in Zusammenhang mit starken bis heftigen Gewittern, in denen sie natürlich ausgeprägter sind.

Die Unterseite von Gewitterambossen wird beeinflusst von klaren vertikalen Unterschieden in Temperatur, Feuchtigkeit und Windscherung. Die feuchte Ambosswolke grenzt sich an dieser Stelle von der umgebenden trockenen Atmosphäre ab. Die Ambosswolke besteht fast völlig aus Eispartikeln, die wieder zur Erde absteigen. Während dieser Phase bilden sich Mammatuswolken, womöglich durch Sublimierung der Partikel, sodass sie rund wie Wattebäusche werden. Die Wissenschaftler kennen den Entwicklungsvorgang noch nicht im Detail, weil diese Vorgänge noch sehr wenig beobachtet wurden.

Mammatuswolken haben eine Lebensdauer von 15 Minuten bis über eine Stunde. Aber jede einzelne Wolkenhalbkugel hält sich nur 10 Minuten, bevor sie durch neue Ausstülpungen des Ambosses ersetzt wird. Jede Halbkugel kann 250 m bis mehr als einen Kilometer Durchmesser erreichen.

Sonnenuntergänge verleihen diesen Hängewolken ungeahnte Schönheit. Wenn die Sonne sinkt, erreicht ihr Licht die Unterseite des Gewitterambosses und verwandelt die typisch graue Szene in leuchtendes Gold oder Rot, wobei jede Halbkugel einen Schatten auf die umgebenden wirft. Dann wirken die Mammatuswolken am schönsten.

Sonnenuntergänge verleihen diesen Hängewolken ungeahnte Schönheit.

FALLS CITY, NEBRASKA

26. Juli

MIKE: Meine Sony disc-f707 mit 5 Megapixel war mir zu jener Zeit wie eine riskante Investition vorgekommen, aber mir eine anständige Kamera für Standfotos zuzulegen war eine meiner besten Entscheidungen. Bis dahin hatte ich nur die Videokamera für Filmaufnahmen verwendet, aber als ich jagderfahren wurde, sah ich mehr Dinge, die es wert waren, in besserer Auflösung eingefangen zu werden. Der erste Ausflug mit der neuen Kamera war ein echter Glücksfall, auch wenn ich mit Standfotos noch keine Erfahrung hatte. Aber zum Glück sind Digitalkameras verdammt leicht zu bedienen, und die Resultate sind sofort zu sehen. Daher kehrte ich mit Bildern zurück, die mich die Ausgabe von 1000 Dollar für eine Kamera verschmerzen ließen.

Ich hatte schon etwa eine Stunde lang hohe Wolkenfetzen beobachtet. Die taugesättigte Luft deutete an, dass etwas mit dem Gewitter passieren würde. Ich bemerke einen festen Block aus Böenwolken im Südwesten und denke mir, er markiert die Grenze, an der es losgehen wird. Darum fahre ich nach Süden. Das Gewitter wartet nicht auf mich und legt schon mit dicken Blitzen bis zum Boden los. Ich bin noch nie so vielen Blitzen nahe gekommen. Der Umgang mit Standfoto- und Videokamera ist vertrackt, daher greife ich in dieser [illegible] Lage wieder auf reine Videoaufnahmen zurück.

Die Wolken rasen direkt auf mich zu, fliegen über mich hinweg … und ich stehe wie angewurzelt da.

Ich halte womöglich zu nahe an der Zelle, der die untergehende Sonne eine erstaunliche Farbe verleiht, die ich einfangen muss. Die Wolken rasen direkt auf mich zu, fliegen über mich hinweg ... und ich stehe wie angewurzelt da.

Zahlreiche Blitze zucken herab. Dieser rechts ist wohl nur etwa 100 m entfernt.

Als sich auf halber Höhe ein »gedopter« Trichter um den Aufwind wickelt, sieht die Zelle immer surrealer aus.

Als auf halber Höhe ein »gedopter« Trichter sich um den Aufwind wickelt, sieht die Zelle immer surrealer aus. Bis heute habe ich keinen losgelösten Trichter von dieser Größe leibhaftig oder abgebildet gesehen.

Der Sonnenuntergang hält noch eine magische Szene für mich bereit: Sie sehen die zerrissenen Unterseiten der einzelnen Zuströme, wie sie mit intensiver Konvektion in den Sturm gezogen werden. Kaltluft kontaminiert die einströmende Warmluft, was die Wolke aufsteigen und schließlich absterben lässt, als sie nach Osten abzieht.

Ein Schauer zentimetergroßer Hagelkörner geht aus einem recht nett anzusehenden Sturm nieder.

MOSQUERA, NEW MEXICO

3. Juni

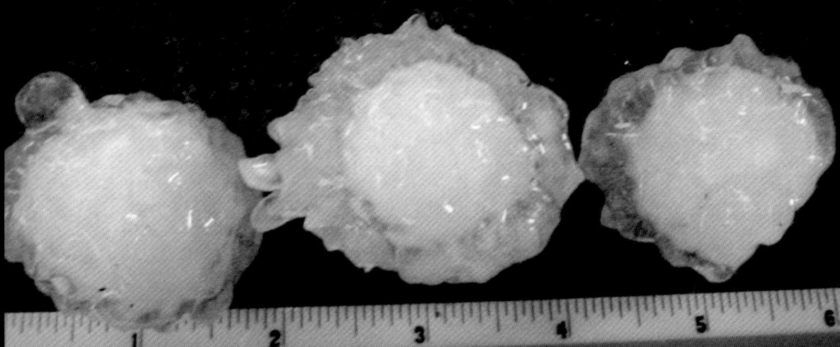

ERIC: Der Juni 2003 war super zum Jagen. Jeff Lawson, Scott Blair und ich waren in New Mexico unterwegs, wo die atmosphärische Instabilität uns vier gute Jagdtage bescherte. Die Straßen dort sind miserabel, und in Gebirgsnähe ist es verdammt kalt, aber der Szenenwechsel war erfrischend.

Wir gelangen zum Ziel. Ein Schauer zentimetergroßer Hagelkörner geht aus einem recht nett anzusehenden Sturm nieder.

Ein Stück weiter auf der Straße sammeln wir größere, gefährlich aussehende stachelige Hagelkörner ein, die etwa 5 cm Durchmesser haben.

Südöstlich des Unwetters erhalten wir von einem Bergrücken aus einen guten Blick auf eine unglaubliche Formation.

Wir verlassen den Rücken und fahren nach Südosten weiter, um alles in Superweitwinkel aufzunehmen. Der Niederschlag verschwindet, als der Sturm sich zu einer erstaunlichen LP-Formation mit einer glockenförmigen Ausbuchtung ausprägt. **Die Landschaft hier in New Mexico ist überwältigend**, und da niemand sonst da ist, haben wir die eindrucksvolle Szenerie ganz für uns.

Der Sturm treibt nun langsam dahin, bewegt sich kaum. Wir beobachten, wie die Struktur dieser seltenen Zelle sich weiterentwickelt. An der Ausbuchtung entstehen Furchen, die starke Rotation anzeigen und den Luftstrom dort markieren, was zu dieser seltenen Korkenzieherform führt. Es ist kein besonders starker Sturm, **aber die Formation gibt einiges her.**

Sie rotiert weiter, wird aber bald schwächer und formloser.

Als sich der erste Sturm auflöst, sehen wir im Norden eine neue Formation hochschießen. Sie ist weit oben und schwächer als die erste. Wir warten noch ab.

Wir warten ewig, bis wir endlich einen von nur zwei unerwarteten Blitzen mit langer Belichtung einfangen, was unseren Tag in New Mexico mit den LP-Zellen abrundet. Wir haben im nahen Tucumcari Zimmer gebucht, doch das Anwesen sieht wie ein umgebautes Gefängnis aus, und die Vorstellung, in diesem Hotel aufzuwachen, ist zu deprimierend. Deshalb fordern wir unser Geld zurück und ziehen uns in eine anständigere Unterkunft in Amarillo zurück.

Bezaubernde Mammatuswolken überziehen den Himmel und werden zur Hauptattraktion der Zelle.

BRIDGES
MAY BE
ICY

JAGD AUF EIN WINTERUNWETTER BEI COZAD, NEBRASKA

29.–31. DEZEMBER 2006

Außerhalb der Jagdsaison gibt es auch Unwetter, die ich mit Vergnügen einfange. In meiner Ecke von Nebraska schien sich dieses Jahr nichts zu rühren, daher breche ich nach Westen auf. Der nächste Tag beginnt mit gefrierendem Regen, aber das ist nicht mein Fall. Das Wetter wird noch übler und bringt einen sehr heftigen Eissturm, also bleibe ich im Motel.

Am nächsten Tag ist alles abgezogen, die Sonne scheint, und der Himmel ist klar. Zeit zur Heimreise, denke ich. Doch auf der Heimfahrt bekomme ich auf schockierende Art mit, was so ein gefrierender Regen alles anrichten kann. Weiter im Osten fällt mir auf, dass das Eis dicker geworden ist. Autos stehen am Straßenrand, die Straße wird immer glatter, und Wind beutelt mich. Ich spüre, wie die Hinterräder wegrutschen. Als ich an einer Tankstelle nahe Kearney halte, finde ich komplett von Eis umschlossene Äste. Es ist unglaublich.

Ich gehe ein Stück weiter. Dabei macht das unter meinen Schritten brechende Gras lustige Geräusche. Es klingt wie überfrorener Kies, aber dann merke ich, dass es eine dick mit Eis überzogene Grasfläche ist. Vermutlich sind Eisstückchen von den Bäumen gefallen und zu Eisballen gefroren.

Ich beschließe, Kearney zu verlassen, weil alles ziemlich durcheinander ist und zu viele Leute sich hier tummeln. Ich brauche Benzin, aber entweder ist alles dicht, oder es haben sich lange Schlangen gebildet. Daher fahre ich Richtung Kenesaw. Unterwegs sehe ich zerstörte Stromleitungen am Straßenrand. Je weiter ich komme, desto dicker wird das Eis. Viele Zäune sind beschädigt, und irritiertes Vieh läuft orientierungslos herum. Jemand schaut mich mit einem Blick an, der besagt: »Was zum Teufel ist hier bloß passiert?«

Ich stoße auf eingeknickte Überlandleitungen. Sie sind ziemlich groß und aus Metall. Die Szenerie bleibt eine ganze Weile so, denn nicht nur Nebraska, auch Colorado und Kansas sind schwer betroffen. Die Auswirkungen dieses historischen Unwetters sind von einer bizarren Schönheit, haben aber auch Schattenseiten. Die Reparaturkosten werden sich sicher auf Hunderte Millionen Dollar belaufen und vielen Leuten ganz schön zusetzen.

Die Unterseite zeigt starke Rotation an, und Trichter erscheinen. Und das hätten wir fast verpasst!

ATTICA, KANSAS

29. Mai

ERIC: Den Zielort für eine Jagd festzulegen ist an jedem Tag die wichtigste Entscheidung. Doch bei allem Prognosewissen und bei aller Sturmerfahrung bleibst du immer der Gnade der Götter ausgeliefert. An diesem Tag schauten wir zwei Stunden lang in den Himmel von Kansas, während das Radar tobende Tornadostürme im Norden und Süden von uns zeigte. Der nächste war ein ungeheurer Sturm bei Oklahoma City, etwa 150 Kilometer weg. Gerade als wir abzogen, brach da die Hölle los, wo wir gewartet hatten. Wie sich herausstellte, passierte mit dem Ungeheuer von Oklahoma City nicht viel, aber unsere Geduld wurde belohnt. Doch das war alles Glückssache.

Nach stundenlangem Herumsitzen, Warten und Überlegen wird ein Fallwindeinschnitt bei unserem Sturm sichtbar, gerade als wir zu einem neuen Ziel aufbrechen wollen. Die Unterseite zeigt starke Rotation an, und Trichter erscheinen. Und das hätten wir fast verpasst!

Ein dünner Schlauch fährt aus der Unterseite der Rotation nördlich von uns, **also springen wir ins Auto und rasen darauf zu. Auf einer einsamen Piste halten wir an und rennen in ein Feld, um beste Sicht zu haben.** Gerade als ich aufnahmebereit bin, erreicht der Schlauch erstmals den Boden. In diesem Moment fällt Sonnenlicht auf die Unterseite des Tornados und vergoldet dessen Spitze.

Eine deutliche Dreckfahne zeigt sich, vermutlich Heuballen von den Feldern. Nahe dem Sturmgeschehen ist die Luft meist von Windgeräuschen erfüllt, **aber das hier ist surreal: Es ist totenstill, nur einige Vögel zwitschern.** Wenn wir nicht den Anblick des Wirbels in der Ferne gesehen hätten, wäre niemand darauf gekommen, dass da etwas Besonderes in der Luft lag.

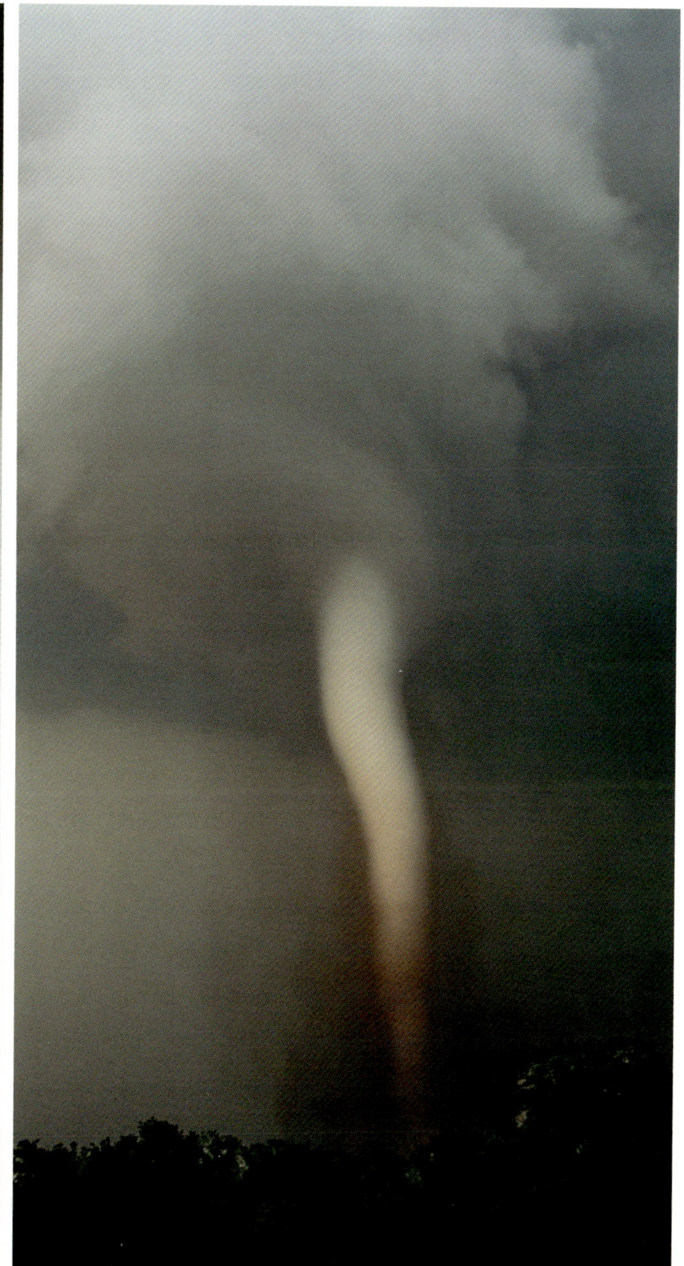

Der Tornado macht mit starker Bewegung am Boden weiter, viel länger, als wir gedacht hatten. Er ist außergewöhnlich langsam, treibt erst nach Nordosten, dreht dann auf der Stelle, bis er langsam nach Westen zieht. Der Schlauch knickt ein, als er auf Bäume trifft, und die zum Ausreißen der Vegetation nötige Kraft entstellt die klaren Konturen des Wolkenschlauchs.

Die Dreckfahne nimmt einen sonderbaren Farbton an, als der Tornado rote Kansas-Erde aufwirbelt.

Was es auch ist – es ist ganz schön groß und saust mit hohem Tempo aus dem Schlauch.

Die außergewöhnliche Form bleibt erhalten, während der Wind am Boden sehr intensiv ist. Links vom Tornado ist ein Fleck zu sehen, wohl ein Baum oder zumindest ein großes Stück davon. Was es auch ist – es ist ganz schön groß und saust mit hohem Tempo aus dem Schlauch.

Wir wollen auf Höhe dieses Tornados bleiben, also folgen wir ihm nach Osten. Aber uns ergeht es wie in einem Videospiel, bei dem der Sturm uns Hindernisse in den Weg stellt. Erst ist wegen der Gefahr eine Brücke über den Fluss gesperrt, also müssen wir abdrehen, dann werden wir bei Crystal Springs von umgefallenen Stromleitungen aufgehalten.

Die Formation hat sich verblüffend entwickelt. Bei dieser Totalansicht okkludiert die einströmende Luft völlig, und so bleibt nur der Tornadoschlauch, der die Kraft der Rotation zeigt, die an den Ringen am Schlauch erkennbar wird.

Schließlich schrumpft er zu einer Nadel vor dem blauen Himmel, bevor er verschwindet. **Er war 24 Minuten lang am Boden**, und wir freuen uns, praktisch alles eingefangen zu haben, »bevor uns die Straßen ausgingen«.

Wir können kaum Luft holen, **da bemerken wir schon einen neuen Tornado im Südwesten** und möglicherweise einen im Norden. Beide müssen entstanden sein, während der erste abstarb.

Wir gelangen bis auf drei Kilometer an den neuen Tornado heran, der sich zu einem staubigen Keil entwickelt hat. **Wir möchten nicht von Trümmern aufgehalten werden**, daher rasen wir ostwärts zum Ort Argonia, um einen guten Blick zu haben.

Plötzlich wirbelt alles wie wild herum. Über uns bildet sich ein neuer Tornado.

Näher am Ort reißt der Tornado ab, reorganisiert sich aber wieder. Bald wir er zum Zylinder. Wir ziehen los, um einen weiteren Tornado weiter östlich zu verfolgen. Das Bild links außen ist um 0121 UTC (s. S. 191) in östlicher Richtung aufgenommen worden, der Tornado zieht nordwärts. Auf seinem Weg wird er keilförmig, bevor ihn um 0130 UTC Regen einhüllt. Erst um 0149 UTC löst er sich auf. Somit lebte dieser Tornado 52 Minuten lang, eher fast 60.

Ziemlich schnell wird er in der Ferne zu einem großen Zylinder, gerät aber allmählich in Regen und entschwindet dem Blick.

Plötzlich wirbelt alles wie wild herum. Über uns bildet sich ein neuer Tornado. Er ist noch im Entstehen, also noch nicht so stark. Trotzdem flattern uns erst einmal die Nerven.

Kein Mensch ist da! Ich wähle die Notrufnummer, um vor dem Tornado zu warnen, falls er Orte in der Nähe gefährdet.

Unser derzeitiger Tornado wird dünner und stirbt, als ein neuer auftaucht und in der Ferne einen Keil bildet. Die Situation ist ganz schön verwirrend und verunsichert uns.

Wir haben schon tolle Tornadoformen gesehen und hatten Glück, dass der Sturm so langsam dahinzog.

Als der vierte Tornado sich abschwächt und zum Ofenrohr wird, feuert ein fünfter los und ist schon gleich am Boden! Es ist der dünne Schlauch rechts hinten. Zwei Tornados gleichzeitig am Boden sind ein seltener Anblick – da weiß ich wieder, warum ich die Sturmjagd so liebe. Doch nun wird es zu dunkel zum Fotografieren, also beschließen wir, für heute Schluss zu machen. Wir haben schon tolle Tornadoformen gesehen und hatten Glück, dass der Sturm so langsam dahinzog, was es uns erlaubte, so viel einzufangen. Auf dem Rückweg erkennen wir, dass die Orte an der Route erst vor zwei Wochen von üblen Tornados gestreift worden waren. Daher nehme ich an, dass den Bewohnern das Wetter heute weniger gefallen hat als uns.

Schon seltsam, dass Warnungen, ein Gebiet zu meiden, Leute wie mich geradezu anziehen.

COIN, IOWA

16. August

MIKE: Diese letzte Superzelle des Jahres kam spät in der Saison, war aber außerordentlich gut für Iowa im August und schloss das Jahr 2004 grandios ab.

Als ich ins südwestliche Iowa fahre, um zwei auf dem Radar abgebildete Superzellen aufzuspüren, meldet Kanal 6 in Omaha Winde mit 160 km/h und dann Tornadowarnungen für mein Zielgebiet. Schon seltsam, dass Warnungen, ein Gebiet zu meiden, Leute wie mich geradezu anziehen.

Weiter südlich erhasche ich einen Blick auf den linken Ausreißer, der weiter nach links zieht, weg vom südlicheren Bereich des Sturms. Im Kern der Stürme lasse ich die Videokamera laufen. Vor Nebraska City, der Grenzstadt zu Iowa, wird es auf der Interstate ziemlich gefährlich: Leute halten unter den Brücken einfach an, um nicht dem Hagel ausgesetzt zu sein und die nächsten Schritte zu überlegen. Wohin der Meso zieht, ist mir nicht klar. Aber auch wenn ich es gar nicht wollte, fahre ich geradewegs in seinen hinteren Einzugsbereich hinein.

Der Wind wird nun echt intensiv. Dieser Videoausschnitt täuscht eine bessere Sicht vor, als es in Wirklichkeit ist, weil ich gerade im Windschatten eines Lkws fuhr. Den vom Wind umgestürzten Sattelzug sah ich erst, als ich unmittelbar davor war. **Der Verkehr war ziemlich unberechenbar und wahrlich keine Freude.** Ich gab einen Notruf für den Sattelzug durch, damit Rettungswagen anrückten, die aber schon unterwegs waren. Soweit ich weiß, gab es keine Verletzte.

Als ich die Interstate verlasse, bin ich in hügeligem Gelände im äußersten Südwesten Iowas. **Auf diesen Straßen fahre ich gern, denn jede Kuppe vermittelt einen Kitzel wie in der Achterbahn.** Wie ich gerade über einen Hügel fahre, sehe ich, dass die Zelle einen Tornado hervorbringt, der am Boden auftrifft. Aber auf dieser Berg-und-Tal-Bahn ist kein guter Blick zu erhaschen.

Im Osten entdecke ich einen neuen Meso mit einer ausgeprägten Fallwindkante.

In der Ferne bildet sich ein Tornado, verdünnisiert sich aber bald wieder.

Ein sehr prägnanter Ausläufer erscheint, der so heftig rotiert, wie ich es noch nie gesehen habe. **Zeit, um für ein paar anständige Aufnahmen anzuhalten.**

Der Sturm war offensichtlich sehr stark. Ein Wunder, dass er nicht sofort einen Tornado produzierte. Er tat es nicht, **aber schon die Entwicklung der Form war ein unglaubliches Erlebnis.**

Die Zelle verwandelt sich in eine ungeheuerliche Formation. Sogar ein starke Biberschwanz ist zu sehen.

Hier blicke ich genau nach Norden auf den Ausläufer, der hinter einem intensiven, ganz schön kalt aussehenden Fallwind entstanden ist. Die nach Süden ziehenden Wolken jagen sicher mit 160 km/h dahin.

Die Rotation ist immer noch sehr stark. Es tanzen auch etliche Wirbel unter dem Trog. Die Tornadoaktivität im Laufe dieses Unwetters beschädigte mehrere Häuser, einige davon schwer.

Die Tornadoaktivität im Laufe dieses Unwetters beschädigte mehrere Häuser, einige davon schwer.

Die Straßen im Einzugsbereich dieses Sturms führten mich quer durchs Land, erst ostwärts, dann nordostwärts. Trotz noch bestehender Tornadowarnungen wirkt die Zelle allmählich zu unterschnitten und linear.

Auf der Heimfahrt erwische ich einige schöne Blitze aus dem abflauenden Gewitter. Ich glaube, **dieser Tag hat die Wildtiere verrückt gemacht** – zwei Hirsche und ein Hund springen vor mir über die Straße, aber ich kann ihnen zum Glück ausweichen.

Ich genieße das Gefühl, da draußen mit dieser kleinen Superzelle allein zu sein.

MURDO, SOUTH DAKOTA

7. Juni

MIKE: Da war ich nun allein auf den Ödflächen South Dakotas, sprang auf und ab und brüllte eine weit entfernte Gewitterwolke an. Ich habe den kleinen Burschen schon vor einiger Zeit aufgespürt und ewig zugesehen, wie er sich abmühte. Es hatte Anzeichen von Niederschlag gegeben, aber sie waren praktisch auf null zurückgegangen. Der Wolke mit Gebrüll die Hölle heißzumachen schien das einzig Wirkungsvolle zu sein. Es muss gewirkt haben, denn ganz schnell bildete sich hinten an der Zelle ein neuer Auswuchs – ein hoffnungsvolles Zeichen!

Ich genieße das Gefühl, da draußen mit dieser kleinen Superzelle allein zu sein. Es ist kein Gebäude in Sicht, und ich bin seit Stunden keiner Menschenseele begegnet. Als die Zelle von einer großen Felsformation abrückt, **sehe ich einen seilförmigen Tornado herabsteigen, den ersten in diesem Jahr – was für ein tolles Gefühl!**

ERIC: Mann, war ich erschöpft auf dieser Jagd. Ich war um 21 Uhr am Vorabend von Texas aufgebrochen und gegen 5 Uhr in einem Motel in Nebraska angekommen. Kein Wunder, dass ich verschlief und später auf der sechsstündigen Fahrt nach Norden auf dem Fahrersitz herumzappelte, während ich ein Auge aufs Satellitenbild mit der Wetterentwicklung warf.

Als ich näher komme, fühle ich mich geborgen, sobald ich über Funk die Jäger plappern höre. Ich komme gerade zur rechten Zeit und treffe auf Amos Magliocco, Scott Blair und Scott Currens, mit denen ich diesen Sturmtag genieße.

An der Wolkenunterseite bildet sich ein Trichter, der am Boden kurz Staub aufwirbelt, gefolgt von einem Seiltornado. Das war nicht zu erwarten, da die Zelle so hoch angesiedelt ist und kein Niederschlag herrscht. Also ist es eine schöne Überraschung. Als der Tornado sich abschwächt, scheint der Sturm einen Gang hochzuschalten, gewinnt rasch an Fahrt und formiert sich neu.

MIKE: Ich bleibe nordöstlich der Zelle, bei Kadoka. In der Zelle bilden sich Mammatus, und der Kern gewinnt auf dem Radar an Kraft. Ich bekomme etwas Hagel ab, aber der ist nichts im Vergleich zu den aus Kadoka gemeldeten baseballgroßen Körnern. Das Riesending ist mir allerdings auf den Fersen, als ich mit dem Sturm nach Osten gleite.

Das Riesending ist mir allerdings auf den Fersen, als ich mit dem Sturm nach Osten gleite.

Dieser neue Meso scheucht mich querfeldein nach Nordosten. Was für eine Formation!

Der Sturm treibt über Niemandsland, durch das leider nur sehr wenige Straßen und Wege führen. Also fahren wir vorerst unter die Mauerwolke und bemühen uns, an die Flanke des Sturms zu kommen.

Als wir die neue, stark rotierende Zelle einholen, stößt Amos auf Wegweiser zu einer alten Geisterstadt namens Okaton. Das könnte eine großartige Kulisse für den Sturm abgeben! Wirklich finden wir ein großes, verlassenes Getreidesilo als Vordergrund.

Diese kleinen Wirbel an den Seiten von Zellen sind nicht häufig zu sehen. Sie heißen Kelvin-Helmholtz-Wirbel (wir nennen sie »Strudel«) und sind wunderschön – der absolute Höhepunkt der Himmelsdarbietung heute.

MIKE: Dieser neue Meso scheucht mich querfeldein nach Nordosten. Was für eine Formation!

Ich hätte vielleicht nach Osten rasen sollen, um die Formation zu erwischen, aber es ist dunkel und schon spät, also bleibe ich in einer Ortschaft namens Murdo und lasse die Videokamera laufen. **Sehen Sie nur!**

Es ist mir unbegreiflich, was in diesem Typen vorgeht, der seelenruhig seinen Tank füllt und nicht ins Auto flüchtet, als das Unwetter im Ort zuschlägt.

ERIC: Es wird spät. Wir sind schon zufrieden damit, das Beste eingefangen zu haben. Außerdem bin ich zum Umfallen müde. Wir können in der Nähe unterkommen. Also beschließen wir, uns von der Böenfront treffen zu lassen, während wir uns einen Hagelburger in einem Lokal neben der Tankstelle in Murdo genehmigen.

DOW

VORHERSAGEN

Vorhersagen sind bei der Jagd die halbe Miete. Nur wenn du die Grundlagen begreifst und den Wetterverläufen einen Schritt voraus bist, kannst du erfolgreich sein. Das Jagen ist nicht billig: Benzin, Hotels, Essen, Öl, Reifen ... – die Liste lässt sich beliebig verlängern. Doch eine schlechte Vorhersage ist mehr als bloße Zeit- und Geldverschwendung. Der höchste Preis ist der Ärger über einen verpassten Sturm.

Die für Jäger wichtigen Hauptkomponenten, die zu Superzellengewittern führen, sind ausreichende vertikale Windscherung, Instabilität und eine Art Auftrieb, der Konvektion auslöst. Jeder Jäger hat seine eigene Vorhersagemethode. Mit der Zeit entwickelst du eine Routine, wobei du gleichzeitig immer noch neue Tricks und Muster lernst. Die meisten Daten bekommen wir von Internetseiten der Regierung wie dem NOAA und dem Sturmvorhersagezentrum. Ich schaue mir zuerst großräumige synoptische Besonderheiten auf mittlerer und oberer Ebene an und arbeite mich dann zur Oberfläche herab, wo mesoskalige Phänomene ins Spiel kommen. Die Vorhersage kann schon eine Woche vor dem Ereignis anlaufen. Wenn dann die Zeit näher rückt, lässt sich eine Region mit der besten Aussicht auf heftige Unwetter auswählen.

Manchmal, wenn das Zielgebiet zu weit entfernt ist, um es noch am gleichen Tag zu erreichen, starte ich in der Nacht davor und nehme mir ein Motelzimmer, damit ich früh loslegen kann. Der Morgen vor einem Ereignis macht am meisten Spaß – Aufregung und ein Kitzeln im Bauch steigern meine Vorfreude auf das, was der Tag wohl bringen mag, während ich schon früh das Wetter prüfe, um meinen Weg in Richtung Sturm festzulegen.

STURMJAGD

Das Internet ist zweifellos das entscheidende Jagdwerkzeug für die Sturmvorhersage, doch der Laptop bleibt während der ganzen Jagd von Bedeutung. Vom Einstöpseln im Motel bis zur Nutzung von Internet-Hotspots überall auf den Great Plains erlaubt er uns, die Sturmtrends mit Radardaten, die alle sechs Minuten aktualisiert werden, im Auge zu behalten sowie das Ziel einzugrenzen und es mit GPS-Daten aufzuspüren. Vor Jahren verwendeten die Jäger noch Landkarten, um sich durchs Tornadogebiet zu navigieren. Heute ist die Ortung mit GPS (Global Positioning System) mein allerwichtigstes Jagdwerkzeug. Oft bin ich allein auf weiter Flur in unbekannten Gegenden und auf Straßen, deren Zustand unvorhersehbar ist. Die gefährlichste Seite der Jagd – schlimmer als das, was der Sturm dir in den Weg wirft – ist das Fahren, besonders wenn du dich auf den Himmel konzentrierst. Mithilfe von GPS lässt sich meine Route sicher planen, entweder auf den Teil des Unwetters zu, den ich mir anschauen will, oder für einen Fluchtweg weg von starken Winden oder Tornados.

Des Weiteren ist für die Ausrüstung der XM-Wetterempfänger entscheidend, der uns Warnungen vor Unwettern und Tornados gibt und anzeigen kann, wo der Tornadobereich eines Gewitters lokalisiert ist.

Wettermessgeräte auf dem Dach meines Fahrzeugs unterstützen meine Laptop-Daten. Damit kann ich aktuelle Daten zu Luftdruck, Taupunkt und Wind erfassen, die ich in einen Datalogger zur späteren Verwendung einspeise und die auf einem Handheld grafisch umgesetzt werden. Ich passe sehr genau auf die Windgeschwindigkeiten auf und melde gravierende Daten den entsprechenden Behörden.

Ins Auto habe ein Sprechfunkgerät eingebaut. Damit nehme ich Kontakt zu anderen Jägern auf und kann auch Unwetter über ein Warnnetzwerk melden. Falls wir über Funk nicht kommunizieren können, wechseln wir zum Handy.

Die ganze Ausrüstung zur Vorhersage und Messung des Sturmgebiets spielt natürlich eine Schlüsselrolle bei der Jagd, aber ich bin dort, um meine Beobachtungen zu dokumentieren. Daher fahre ich nie ohne meine digitale Canon D60 Spiegelreflexkamera los.

EXTREMES WETTER – WISSENSCHAFTLICH

von C. Doswell

EINFÜHRUNG

Ich möchte mit dieser Abhandlung keinen Meteorologie-Unterricht erteilen, wozu viel Mathe und Physik gehören, um alles richtig zu verstehen. Vielmehr möchte ich erklären, was Mike und Erics Bilder darstellen. Was führt zu diesen Wolkenformationen? Warum entfesseln manche Unwetter im Vergleich zu den meisten Gewittern eine so heftige Gewalt? Können uns die spektakulären Wolkenformationen erzählen, welches Wetter zu erwarten ist?

WARUM GIBT ES GEWITTER?

Um die Ursachen für Gewitter zu verstehen, müssen wir erst einmal die Grundlagen der Wetterbildung in der Atmosphäre betrachten. Oberster Grundsatz ist: Das Wetter weltweit rührt daher, dass die von der Sonne einstrahlende Energie nicht gleichmäßig verteilt ist. In den Tropen steht die Sonne fast das ganze Jahr über beinahe lotrecht am Himmel, während in den Polargebieten im Winter die Sonne monatelang gar nicht zu sehen ist. Selbst wenn im Polarsommer die Tage lang sind, so bleibt die Sonne doch tief am Horizont. Daher ist es in den Polargebieten im Vergleich zu den Tropen kalt. Dazwischen, in den mittleren Breiten, fallen die Sonnenstrahlen im Winter mit seinen kurzen Tagen in flachem Winkel und im Sommer mit seinen langen Tagen in steilem Winkel ein. Das erzeugt die jahreszeitlichen Temperaturschwankungen in den mittleren Breiten.

Da in den Tropen praktisch das ganze Jahr über Hitze herrscht, ergeben die Unterschiede in der Sonnenerwärmung einen Jahreskreislauf: Der Temperaturunterschied zwischen den Polargebieten und den Tropen ist gegen Ende des Winters am höchsten und gegen Ende des Sommers am geringsten. Dieser Temperaturunterschied wiederum ist die Haupttriebkraft für die sogenannten Jetstreams in der höheren Atmosphäre (auf etwa 16 000 m). Diese hoch über der Erdoberfläche rasch dahinjagenden Windströme stellen einen entscheidenden Faktor bei der Unwetterbildung dar, wie ich im Weiteren erklären werde. Die Jetstreams sind im Winter am stärksten und den Tropen am nächsten. Im Sommer sind die Jetstreams am schwächsten und den Polargebieten am nächsten.

In den Übergangsphasen Frühling und Herbst haben die Jetstreams weniger Kraft als im Winter, aber mehr als im Sommer. Während der Übergangszeiten sind schwere Gewitter am wahrscheinlichsten. In den USA ist die Aktivität im Frühjahr stärker als im Herbst. Diese Unsymmetrie ergibt sich aus dem gehäuften Auftreten von Frühjahrs- und Sommergewittern, die letztlich für stabilere Verhältnisse der Atmosphäre im Herbst sorgen.

Ein Nebenprodukt des Temperaturunterschieds zwischen den Tropen und den Polen sind die sogenannten Extratropischen Zyklone (ETZ). Diese Tiefdruckgebiete sind oft auf den Wetterkarten zu sehen. Abb. 1 zeigt ein Satelliten-Falschfarbenbild von drei ETZs über den Vereinigten Staaten. ETZs beziehen ihre Energie aus dem Temperaturunterschied zwischen den Tropen und den Polen und rotieren auf der Nordhalbkugel entsprechend der Erdbewegung gegen den Uhrzeigersinn. Ihre Rotation erzeugt Winde, die warme Luft aus dem Süden ziehen und sie polwärts transportieren, während sie gleichzeitig kalte Luft aus dem Norden in Richtung Äquator treiben. Mit diesem großflächigen Luftaustausch verringert die Atmosphäre den Temperaturunterschied zwischen den Tropen und den Polen. Die von einem ETZ transportierte Hitze ist gewaltig.

Die Sonne heizt die Erdoberfläche ebenfalls auf. An Land ist diese Erwärmung als spürbare Hitze in der Atmosphäre im Kontakt mit dem Boden messbar. Spürbare Hitze lässt sich direkt mit dem Thermometer messen. Wenn die Sonne aber die Ozeane aufheizt, erhöht ein Teil dieser Hitze die Wassertemperatur und fördert dazu noch die Verdampfung des Wassers. Jeder, der aus der Dusche kommt, weiß, dass verdampfendes Wasser Hitze absorbiert – es wird uns kalt, bis wir uns abtrocknen. Diese Hitze verbleibt im verdampften Wasser, das sich in ein farb- und geruchloses Gas namens Wasserdampf verwandelt, der sich mit der Luft mischt. Die im Wasserdampf enthaltene Hitze wird latente Hitze genannt und lässt sich nicht mit einem Thermometer messen, zeigt sich aber in der Luftfeuchtigkeit. Je mehr Wasserdampf die Luft enthält, desto höher ist die Feuchtigkeit. Der Wasserdampfgehalt der Luft stellt einen entscheidenden Faktor bei der Entstehung von Gewittern dar.

Weil die Sonne die meiste Energie auf der Erdoberfläche hinterlässt, sammeln sich die spürbare und die latente Hitze in relativ geringer Höhe. Dieser Effekt ist im Sommer offensichtlich am stärksten, im Winter dagegen am schwächsten und erreicht in den anderen beiden Jahreszeiten mittleres Niveau. Wenn in niedriger Höhe ein Hitzeüberschuss entsteht, etwa wie bei Wasser in einem Topf auf der Herdflamme, möchte dieser Überschuss unten die Luft umwälzen, um die zu große Hitze nach oben abzugeben.

Dies produziert steigende Luftströme, meist Thermik genannt, die den Hitzeüberschuss von unten

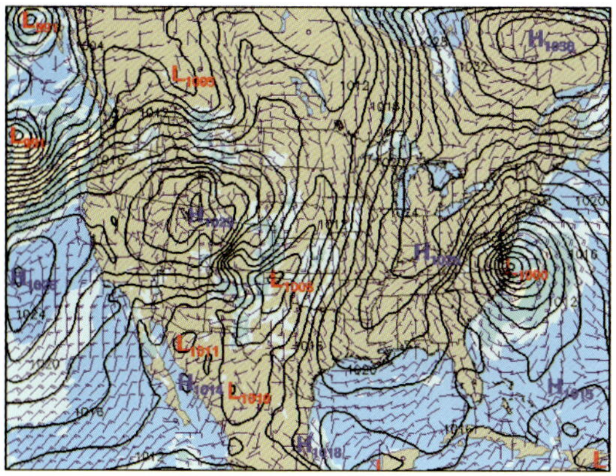

Abb. 1 Falschfarbenbild von drei ETZs: Einer rückt auf die pazifische Nordwestküste vor, der Zweite zieht über die großen Ebenen, und der Dritte kreist vor der Ostküste.

Abb. 2 Oberflächen-Wetterkarte, die die Oberflächenwinde und -druckverhältnisse im Zusammenhang mit den drei ETZs der Abb. 1 zeigt. Windpfeile geben Geschwindigkeit und Richtung des Luftstroms an, der im Tief (L) gegen den Uhrzeigersinn und im Hoch (H) im Uhrzeigersinn verläuft.

nach oben trägt. Zwischen der thermischen Strömung fällt Luft nach unten und fördert kühlere Luft nach unten, um die in der Thermik aufgestiegene Luft zu ersetzen. An einem Tag mit etwas Luftfeuchtigkeit ergeben sich Schönwetterwolken (Kumulus). Diese Wolken markieren die Spitzen der aufsteigenden warmen Luftströme, während dazwischen die kühlere Luft auf den Boden sinkt, um wiederum durch die Sonnenenergie aufgeheizt zu werden. Mit diesem Prozess wird der Hitzeüberschuss in die Atmosphäre abgegeben.

Unter bestimmten Umständen reicht jedoch dieses Schönwetterszenario nicht aus, um die spürbare und latente Oberflächenhitze schnell genug umzuverteilen. Dazu müssen viel stärkere Wolken als Kumuli entstehen: eine Gewitterfront.

Ein vereinfachtes Gewittermodell ist rechts zu sehen. So ein Unwetter beginnt mit einer sogenannten Quellwolke (Abb. 3a), in der Aufwind vorherrscht. Wenn Luft in die Atmosphäre steigt, bewegt sie sich von hohem Druck an der Oberfläche zu niederem Druck darüber. Ganz allgemein nimmt der Druck nach oben ab, weil die Schwerkraft dafür sorgt, dass die Luft am Boden am dichtesten ist und nach oben hin abnimmt. Wenn die Luft aufsteigt, dehnt sie sich aufgrund des verringerten Drucks aus. Diese Expansion führt zu Abkühlung, etwa so, wie Gas aus einer Spraydose sich ausdehnt und abkühlt, weshalb sich die Dose kühl anfühlt. Wenn Luft im Aufwind hochsteigt, strömt Luft unten nach, um sie zu ersetzen: Das wird der Zustrom genannt. Die Kühlung infolge Ausdehnung führt dazu, dass der in der Luft enthaltene Wasserdampf kondensiert – wie sich an einem Glas Eiswasser Wasserdampf niederschlägt – und dabei die latente Hitze freisetzt. Die Unterseite des

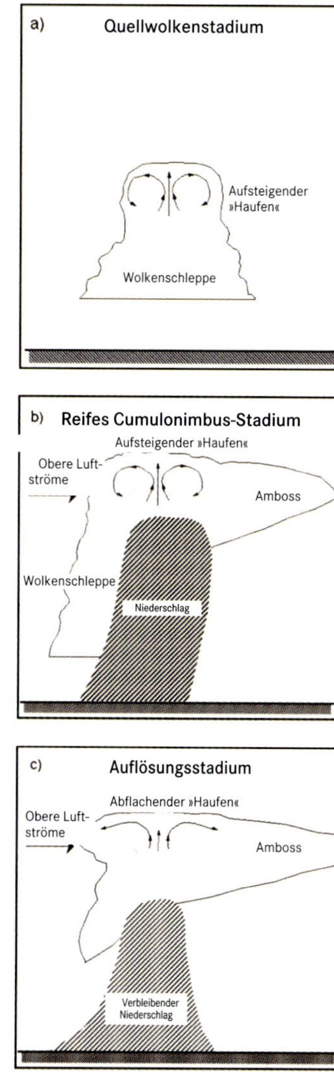

Abb. 3 Die drei Stadien im Leben einer Gewitterzelle: der Quellwolkenturm (a), das »reife« Gewitter (b) und die Auflösung (c).

Quellwolkenturm

Quellwolkenturms ist die Stelle, wo in der Säule aufsteigender Luft die Kondensation einsetzt. Der Ausstoß latenter Hitze in der Wolke führt dazu, dass die Temperaturen überall in der Wolke höher sind als in der umgebenden Luft. Wie ein Heißluftballon erhält die Wolke Auftrieb.

Das nächste Stadium ist das ausgereifte Gewitter mit einer Cumulonimbus-Wolke (Abb. 3b), wo sowohl aufsteigende wie absteigende Bewegungen (Aufwind und Abwind) sehr stark sind, was zu Niederschlag führt. Dieser stammt aus der Kondensation des Wasserdampfs in der aufsteigenden Luft: Die Wasserpartikel in der Wolke haften aneinander, bis sie als Tropfen groß genug sind, um aus der Wolke zu fallen. Der Niederschlag reißt die umgebende Luft mit sich und erzeugt den Abwind. Wenn Niederschlag auf trockene Luft trifft, beginnt das kondensierte Wasser wieder zu verdampfen, was die absteigende Luft abkühlt, den Auftrieb umkehrt und damit den Abwind verstärkt. Wenn der Abwind auf die Erdoberfläche trifft, breitet er sich aus und bildet den Ausstoß des Gewitters mit der Miniaturversion einer Kaltfront, Böenfront genannt, an der Hauptkante des Ausstoßes. In einem ausgereiften Gewitter gibt es also Zustrom und Ausstoß. Da der Ausstoß in der Regel kühl und feucht ist, herrscht hohe Feuchtigkeit, und manchmal können sich Wolken bei der Böenfront sehr bodennah entwickeln und Böenwolken bilden. Mit ihrer im Allgemeinen stark ausgefransten Form sind sie charakteristisch für den Ausstoß, wohingegen der Zentralbereich im Gewitter ziemlich glatt ist und eine klare Unterkante bildet.

Die aufsteigende Luft erreicht schließlich ein Gleichgewichtsniveau (GN), wo in der aufsteigenden und in der umgebenden Luft die gleiche Temperatur herrscht. Luftpakete können auch über das GN hinausschießen (konvektives Überschießen), was den Auftrieb aber umkehrt und zum Zurücksinken ins GN führt, wobei sich die Luft ausbreitet und den Amboss der Gewitterwolke bildet. Die Lage des GN kann variieren, liegt aber gewöhnlich in ca. 15 km Höhe, wo die oberen Winde stark sein und den Amboss mit dem Luftstrom darüber in Strömungsrichtung treiben können. Diese Ambosswolke breitet sich sowohl in Strömungsrichtung als auch vom Zentrum des Aufwinds nach außen aus.

Im späteren Lebenszyklus schwächen sich die Aufwinde ab und kommen zum Erliegen, während weiterer Niederschlag fällt. In dieser Phase herrschen im Gewitter die Abwinde und der Ausstoß noch eine Weile vor. Dies ist das Auflösungsstadium der Gewitterzelle (Abb. 3c). Der in der Zelle entstandene Niederschlag kann noch einige Minuten nach der Wolkenauflösung andauern.

Der ganze Lebenszyklus eines Gewitters dauert etwa 20–40 Minuten, etwa die Zeit, welche die Luft braucht, um von der Oberfläche an die obere Spitze des Sturms aufzusteigen.

Die meisten Gewitter dauern allerdings länger als 20–40 Minuten, denn sie setzen sich aus mehr als einer Zelle zusammen. Manchmal bilden sich Cluster von Zellen, die sich in unterschiedlichen Lebensstadien befinden. Häufig bilden sich Gewitterzellen in einer Linie.

HEFTIGE GEWITTER

Offiziell gilt ein Gewitter als heftig, sobald mindestens eines der folgenden drei Ereignisse auftritt: Hagelkörner mit einem Durchmesser von 2 cm oder

Cumulonimbus-Wolke

Ausstoß

Böenwolken

Amboss

mehr, Winde von 100 km/h oder stärker oder ein Tornado.

Im Allgemeinen werden Gewitter heftig, wenn es zu einem starken Aufwind kommt, was die Bildung von großen Hagelkörnern fördert, zu einem starken Abwind, was das Tempo des Ausstoßes an der Oberfläche erhöht, oder wenn Aufwind und Abwind rotieren, was das Unwetter in eine Superzelle verwandelt. Die Prozesse, die starke Aufwinde erzeugen, sind nicht unbedingt die gleichen wie diejenigen, die Abwinde verstärken. Deshalb ist es möglich, dass ein Sturm einen starken Ausstoß produziert, aber doch relativ wenig Aufwind hat. Ähnlich ist ein starker Aufwind nicht immer von starkem Abwind begleitet. Manche Stürme haben starke Auf- und Abwinde, die zu allen Formen starken Unwetters führen können, auch zu Starkregen, der in der offiziellen Sprachregelung zwar nicht als heftig eingestuft wird, aber dennoch einen wichtigen Typ von Gewitter darstellt.

Gegenüber: Superzelle **Oben:** Sockelwolke

Hagelschlag

Hagel entsteht ausschließlich in Zusammenhang mit intensiven Aufwinden. Eispartikel können zu großen Hagelkörnern heranwachsen, wenn sie in dem Teil der Wolke in der Schwebe gehalten werden, der ihr Wachstum fördert. Dieser Bereich liegt zwischen dem Schmelzpunkt von 0 Grad Celsius und dem Wolkenbereich, der -40 Grad Celsius erreicht. Dazwischen kann kondensiertes Wasser in der Wolke supergekühlt werden: Es hat weniger als 0 Grad, bleibt aber flüssig. Supergekühltes Wasser gefriert augenblicklich, sobald es auf ein Eispartikel trifft, also friert es leicht an einem wachsenden Hagelkorn an. Wenn aber das Partikel zu groß ist, um in der Schwebe gehalten zu werden, fällt es einfach aus der Wachstumszone und kann nicht sehr umfangreich werden. Wie schnell fällt ein Hagelkorn? Ein Korn von Baseballgröße fällt mit mehr als 160 km/h – etwa so schnell, wie ein Pitcher beim Baseball den Ball werfen kann. Das wiederum bedeutet, dass der Aufwind ungefähr genauso stark sein muss, um ein Hagelkorn von Baseballgröße (Durchmesser 7 cm) zu produzieren. Nicht alle starken Aufwinde erzeugen große Hagelkörner – die Gründe dafür sind noch nicht bekannt –, aber jeder Hagel entsteht aus starken Aufwinden (s. S. 96).

Gewittersturm

Heftige Winde ohne Tornados an der Oberfläche werden fast immer von starken Abwinden erzeugt. Diese werden auch »Downbursts« genannt und durch absinkende Kaltluft oder durch schweren Niederschlag erzeugt oder durch beides. Die Böenfronten an der Hauptkante des Ausstoßes sind oft durch Linien tiefer Wolken gekennzeichnet: die Arcuswolken, unter den Sturmjägern auch Sockelwolken genannt. In diesem Buch sehen Sie, wie zahlreich ihre Formen sein können.

Manchmal bilden sie mehrere Schichten, was von vertikal unterschiedlicher Feuchtigkeit der einströmenden Luft herrührt, die von der Böenfront an der Hauptkante des Ausstoßes nach oben gedrückt wird. Der Ausstoß breitet sich unter einem Abwind wie auf ein heißes Backblech geschmierte Butter aus und dehnt das betroffene Gebiet so lange aus, wie der Abwind anhält. Die vom Ausstoß generierten Winde sind allgemein am stärksten, wenn die Böenfront nahe beim Abwind ist. Falls mehrere Zellen in der Nähe sind, können sich ihre Ausstöße vereinigen und ein großes Gebiet mit Kaltluft überziehen.

Tornados

Tornados gehören meist zu Superzellen-Gewittern. Ein rotierender Gewittersturm entsteht bei einer vertikalen starken Windscherung. Diese Windscherung tritt ein, wenn der Wind mit der Höhe Tempo und/ oder Richtung wechselt. Dieses Phänomen kann auf verschiedene Weise entstehen, ergibt sich aber am häufigsten, wenn sich Gewitter zusammen mit einem Extratropischen Zyklon (ETZ – s. S. 178) bilden – eine Folge der Jetstreams aufgrund der starken horizontalen Temperaturunterschiede zwischen dem Norden und dem Süden. In solchen Fällen wird nicht nur die Windgeschwindigkeit mit der Höhe stärker, sondern die Winde ändern auch rasch die Richtung. In den USA bringen Südwinde nahe der Oberfläche warme, sehr feuchte Luft, die Wasserdampf aus der Verdampfung über dem warmen Wasser der tropischen Ozeane und des Golfs von Mexiko aufgenommen haben. Über diese tief liegende Feuchtigkeit gleitet trockene Luft von den Rocky Mountains, die von Südwestwinden herangeführt wird. Die trockene Luft ist warm, wo sie über die Feuchtigkeit gleitet, kühlt aber mit der Höhe rasch ab. Weiter nach oben hin nehmen die Winde bis zum Kern des Jetstreams in etwa 15 km über dem Boden zu.

Große vertikale Windscherung mit starkem Richtungswechsel des Windes in niederen Schichten führt zur Rotation um eine vertikale Achse in einem entstehenden Gewitter. Dieser Rotationsbereich wird Mesozyklon genannt und bildet sich zuerst mehrere Tausend Meter über dem Boden. Er kann sich bei entsprechenden Bedingungen im Gewitter nach oben und nach unten ausbreiten, was zur Rotation des gesamten Gewittersystems führt. So ist ein Superzellen-Gewitter entstanden. Obwohl der Entstehungsprozess noch nicht ganz geklärt ist, prägen etwa 20 % der Superzellen Tornados aus. Die große Mehrheit der Tornados entsteht aus Superzellen. Selbst wenn sie keine Tornados hervorbringen, führen die meisten Superzellen (etwa 95 %) zu schweren Unwettern.

Wenige Tornados entwickeln sich aber auch aus Gewittern ohne Mesozyklone (die keine Superzellen sind). Dieser Entstehungsvorgang ist noch nicht ganz bekannt, doch er muss wohl mit vorher bestehender geringfügiger vertikaler Rotation in der Umgebung des entstehenden Gewitters zu tun haben.

Superzellen

Eine klassische Superzelle hat unter günstigen Sichtbedingungen das Erscheinungsbild, das in Abb. 4 zu sehen ist. Der Bereich zwischen dem Aufwind und der Niederschlagszone unter dem Abwindamboss wird manchmal das Gewölbe genannt. Es kann nicht sichtbar sein, wenn der Aufwind nahe dem Niederschlag verläuft, der aus dem Amboss fällt.

Der ganze Sturm rotiert, und die Mauerwolke kennzeichnet einen Bereich, wo der Mesozyklon regengekühlte Luft von der fallenden Niederschlagskaskade wieder in die Höhe zieht. Wenn diese kühle Luft in die Mauerwolke strömt, ist in manchen Fällen eine Schwanzwolke zu sehen. Die Mauerwolke liegt tiefer wegen der relativ hohen Luftfeuchtigkeit, die aus dem Niederschlagsbereich einströmt. Beim Blick auf das Gewitter von oben (Abb. 5) teilt sich die Niederschlagskaskade in den Abwind der Vorderflanke, während der Abwind der Hinterflanke den freien Spalt hinter der Mauerwolke erzeugt, wodurch der Aufwindbereich eine Hufeisenform erhält. Aufwinde entwickeln sich an der Böenfront der Hinterflanke und steigen an der sich in den Mesozyklon biegenden Flankenlinie des Aufwinds in den Sturm hoch.

Superzellen können auch andere Formen annehmen, je nach Niederschlagshäufigkeit im Mesozyklon. Die LP-Superzelle (low precipitation supercell) ist in Abb. 6 dargestellt. Im Allgemeinen bringen diese Gewitter geringen Regen, aber nahe am Mesozyklon kann starker Hagel fallen.

LP-Superzellen sind meist kleiner als klassische Superzellen und ergeben selten einen Tornado. Weil relativ wenig Niederschlag verdampft, erzeugen sie in der Regel keinen geradlinigen Wind. Solche Gewitter sind auf den Great Plains der USA am häufigsten.

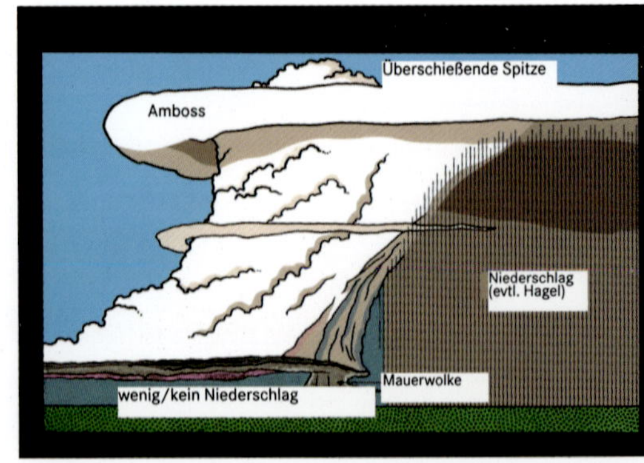

Abb. 4 Schematische Ansicht einer klassischen Superzelle mit Blick auf den heranziehenden Sturm. Er bewegt sich von links nach rechts und reicht über das Bild hinaus.

Mauerwolke

Abwind der Hinterflanke

Abwind der Hinterflanke von hinten

Am anderen Ende des Superzellenspektrums ist die HP-Superzelle (high precipitation supercell), die schematisch in Abb. 7 zu sehen ist. HP-Superzellen bringen rund um ihre Mesozyklone beträchtlichen Niederschlag, der im Abwind der Hinterflanke niedergeht. Daher ist der klare Spalt hier nicht vorhanden, stattdessen ist er mit Regen, womöglich auch Hagel angefüllt. Gelegentlich ist ein sogenannter Biberschwanz zu sehen, der sich von der Grundfläche entlang der Böenfront hinzieht und den Niederschlagsbereich im Abwind der Vorderflanke markiert. Er ist nicht mit der Schwanzwolke zu verwechseln, die an die abgesenkte Basis der Mauerwolke gebunden ist. Manchmal kann auch eine klassische Superzelle einen Biberschwanz aufweisen, doch gewöhnlich ist er bei HP-Superzellen zu sehen. HP-Superzellen führen Starkregen und auch übergroße Hagelkörner mit sich und bringen sehr starke Ausstoßwinde und Tornados hervor. Diese Art der Superzelle ist wahrscheinlich die am häufigsten beobachtete.

Gewöhnlich entwickeln sich Superzellen zu einer Gewitterfront weiter. Der umgekehrte Vorgang, also dass eine Gewitterfront zu Superzellen wird, ist selten.

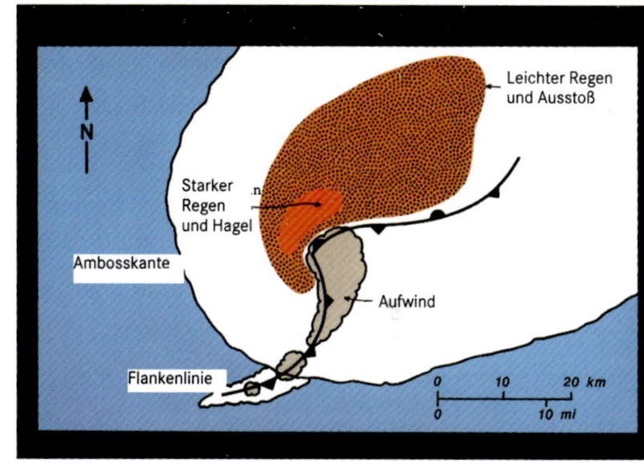

Abb. 5

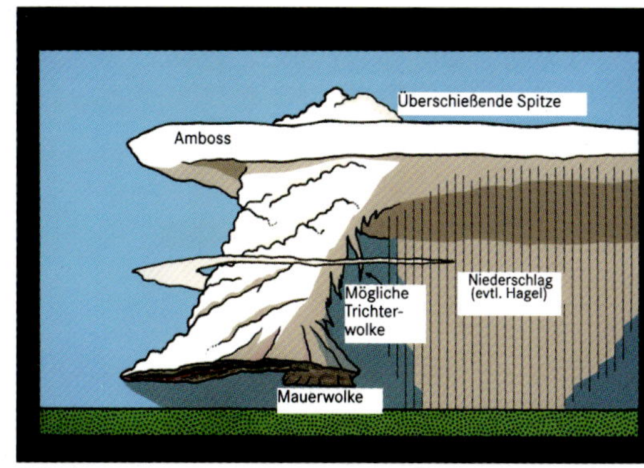

Abb. 6

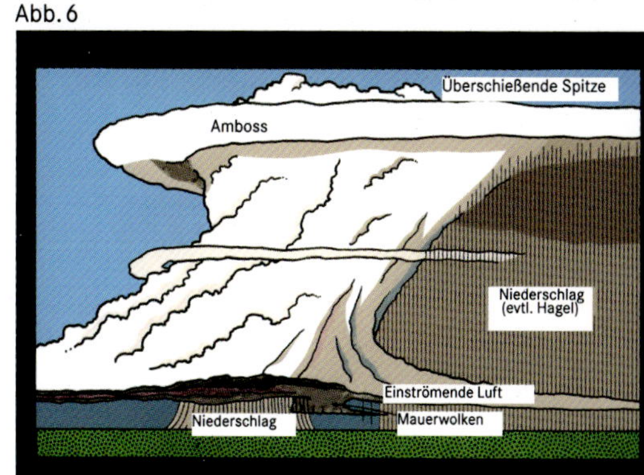

Abb. 7

Abb. 5 Blick von oben auf das Gewitter von Abb. 4, die es von rechts gezeigt hat. Das Unwetter bewegt sich in die obere rechte Ecke des Schemas. Die Schattierung zeigt an, was auf dem Radar auftauchen würde. Böenfronten sind an den Frontsymbolen an den schwarzen Linien zu erkennen.

Abb. 6 Schematische Darstellung der Erscheinungsform einer LP-Superzelle.

Abb. 7 Schematische Darstellung einer HP-Superzelle. Das Einzugsband für abgekühlte Luft wird als Biberschwanz bezeichnet.

Gewitterfront

Gewitter bilden häufig eine Gewitterfront, da der gemischte Luftausstoß die Bildung neuer Gewitter an der vordersten Linie der Böenfront fördert. So eine Front kann sich über viele Hunderte von Kilometern erstrecken. Gewitterfronten müssen nicht sehr heftig sein. Die Bedingungen, die sie heftig machen, sind etwa die gleichen wie bei Superzellen: Das Vorkommen vertikaler Windscherung ist für die Bildung von heftigen Gewitterfronten allgemein günstig. Eine Gewitterfront ist oft durch die sogenannte Sockelwolke an der vordersten Linie der Böenfront gekennzeichnet. Wie schon gesagt, kann diese sehr komplex geschichtet sein. Die Intensität des Wetters an einer Böenfront ist allein dem Aussehen nach schwer einzuschätzen. Eine ganz bedrohlich aussehende Sockelwolke bringt möglicherweise nicht mehr als kurzen schweren Regen und moderate Böen hervor. Wenn die Böenfront vom Luftausstoß sich ganz vom Niederschlag wegbewegt, können in sehr trockenen Bereichen starke Bodenwinde aufkommen, die zu einem Staubsturm führen, falls der Ausstoß sich mit Staub anreichert. Solche Staubstürme sind relativ häufig in Wüsten und halbtrockenen Gegenden der Welt.

TORNADOS

Tornados entstehen meist unter oder nahe an der Mauerwolke, doch manchmal tauchen sie auch an anderen Stellen der hufeisenförmigen Aufwindzone auf. Die Mauerwolke kann als Ausstülpung nicht so stark hervortreten, doch eine starke Rotation der Wolkenunterseite wird zu sehen sein. Gelegentlich verändert ein Tornado sein Erscheinungsbild dramatisch, manchmal gar mehrmals. Er kann sich mehr als einmal ausdehnen und zusammenziehen oder zwischen einzelnen und mehreren Trichterbildungen hin und her entwickeln.

Die meisten Tornados machen einen klar ausgeprägten Lebenszyklus durch, beginnend mit der Entstehungsphase, in der ein Wolkenschlauch vorhanden sein kann (oder auch nicht). Starke Rotation ist an der Mauerwolke zu sehen (falls diese sichtbar ist), aber es gibt noch keine Trümmerwolke, weil die Winde an der Oberfläche während der Entstehung des Tornados noch nicht stark genug sind, um Staub oder Trümmer aufzuwirbeln.

Beachten Sie, dass der Tornado der Wind, nicht die Wolke ist! Deshalb kann ein Tornado vorhanden sein, auch wenn der Wolkenschlauch nicht bis zum Boden reicht. Manche Tornados prägen gar keinen Wolkenschlauch aus. Sie sind mit dem Auge (oder mit der Kamera) nur an der Staubfahne am Boden und an der starken Rotation der Wolkenunterseite über dem Staubwirbel zu erkennen.

Als Nächstes tritt der Tornado in das Reifestadium ein. Dann sind die Winde an der Oberfläche stark genug, um Schaden anzurichten. Der Tornadoschlauch dehnt sich im Normalfall in dieser Phase größenmäßig aus oder kann sich in mehrere Wirbel auflösen, mit mehreren Schläuchen, die um ein gemeinsames Zentrum rotieren. Der Wolkenschlauch eines Tornados kann sehr glatt (oder laminar) wirken, kann aber auch zerrissen und stark ausgefranst sein, vielleicht mit mehreren eingebetteten Wirbeln. Die Gründe dafür sind noch nicht ganz geklärt, hängen aber wohl mit der unterschiedlichen Windverteilung innerhalb des Tornados zusammen – nicht alle Tornados sind gleich. Manchmal reicht der Wolkenschlauch nicht ganz bis zum Boden oder erreicht ihn nur am Ende des Tornado-Lebenszyklus. Gewöhnlich aber erstreckt sich der Schlauch im Reifestadium bis zum Boden.

Danach tritt der Tornado in die Schrumpfungsphase ein, wobei der Durchmesser des Wolkenschlauchs abnimmt. Manchmal ist diese Phase ziemlich kurz, gelegentlich zieht sich die Schrumpfungsphase aber auch lange hin. Der Wolkenschlauch kann sich in dieser Phase zurückziehen, doch die noch bestehende Staubfahne zeigt an, dass der Tornado anhält.

Endlich geht der Tornado ins Auflösungsstadium über. In der Regel ist das daran zu erkennen, dass der Wolkenschlauch zu einem engen, seilartigen Gebilde schrumpft und sich die Staubfahne am Boden ausbreitet. In diesem Stadium kann der Tornado immer noch immensen Schaden anrichten. Oft verdreht sich der Wolkenschlauch zunehmend und bildet kurz vor dem Zerfall des Tornados sogar Schlaufen. Der Schlauch kann auch in Segmente zerfallen, die unverbunden erscheinen. Aber wie erwähnt, der Tornado ist der Wind, nicht die Wolke, also kann diese Erscheinung täuschen. Die Segmente bleiben Teile eines bestehenden Wirbels.

Nicht alle Tornados folgen exakt diesem Zyklus. Zu diesem grundlegenden Entwicklungsgang gibt es viele Variationen, aber er stellt das typische Erscheinungsbild dar.

Nicht alle Tornados kommen aus Superzellen. Manchmal entstehen Tornados aus noch nicht ganz erfassten Gründen in anderen Unwettern. In wenigen Fällen können etliche solcher Tornados zu gleicher Zeit aktiv sein. Der Tornado-Typ, der gemeinhin als Wasserhose in den tropischen und subtropischen Regionen an der Küste auftritt, muss überhaupt nicht mit einem Gewitter zusammenhängen – nur mit hohen Quellwolken. Der gleiche Vorgang kann auch über Land ablaufen und zu multiplen Tornados führen, genauso wie sich Wasserhosen oft in Gruppen bilden. Es wird angenommen, dass dieser Tornado-Typ entsteht an Windkonvergenzgrenzen, wenn sich entlang diesen Grenzen schwache Rotation über einen Radius von etlichen Kilometern bildet. Mitverursacher kann eine horizontale Windscherung sein, die aus unterschiedlichen Windgeschwindigkeiten und -richtungen in der Horizontalen entsteht. Diese Rotation wird dann durch die sich bildenden Aufwinde in den Quellwolken konzentriert und führt zu Tornados.

Tornados können auch in einer Gewitterfront auftreten, wiederum aus noch nicht ganz geklärter Ursache heraus. Dies ist nicht zu verwechseln mit gelegentlich zu beobachtenden Fällen, in denen Superzellen in eine Gewitterfront eingebettet sind. Die sich in einer Gewitterfront entwickelnden Tornados treten vermutlich auf, wenn starke horizontale Windscherung durch intensive »Ausflussstrahlen« entsteht, die dazu führen, dass die Front sich zu einer bogenförmigen Formation entwickelt. Dies schafft Gebiete mit einer Rotation um eine vertikale Achse entlang der herausschießenden Luft, die sich durch Aufwind in Tornados konzentrieren kann.

Das Erscheinungsbild eines Tornados ist von der Oberflächenbeschaffenheit und vom darauffallenden Licht stark beeinflusst. Wenn ein Tornado über staubigen Boden zieht, kann er überwiegend oder vollständig in Staub gehüllt sein. Über einer Oberfläche, wo es wenig oder nichts aufzuwirbeln gibt, zieht er nur eine geringe oder gar keine Staubfahne nach sich. Ist die Luft in Bodennähe feucht, ist die Entstehung eines Wolkenschlauchs bis zum Boden wahrscheinlicher, als wenn die bodennahe Luft geringe relative Feuchtigkeit enthält.

Die schlauchförmige Wolke ist mit jeder anderen Wolke zu vergleichen: Sie besteht aus Tröpfchen kondensierten Wasserdampfs. Wie bei allen Wolken hängt ihr Erscheinungsbild vom Blickwinkel und Hintergrund ab. Wenn der Hintergrund dunkel ist, erscheint der Tornado im direkten Sonnenlicht weiß, wenn die Beleuchtung aus eher diffusem als direktem Sonnenlicht besteht, dagegen blaugrau. Ist der Tornado vor klarem Himmel zu sehen, kann er schwarz oder sehr dunkelgrau wirken, da er als Silhouette erscheint. Am Abend, wenn der Tornado von der untergehenden Sonne erhellt wird, nimmt er eine goldgelbe oder sogar blutrote Farbe an. Menschen, die denselben Tornado zur gleichen Zeit aus unterschiedlichen Richtungen erblicken, können ihn sehr verschieden wahrnehmen.

SCHLUSSBEMERKUNG

Wie in diesem kurzen Überblick über die wissenschaftliche Betrachtung von Unwettern beschrieben, lassen sich durch reine Beobachtung Informationen über Stürme erhalten. Ihr äußeres Erscheinungsbild und ihr Entwicklungsgang können die Prozesse offenbaren, die in ihrem Innern vorgehen, was wiederum einem wissenden Betrachter erlaubt, einige fundierte Aussagen über das Wetter zu machen, das sie mit sich bringen. Verantwortungsbewusste Sturmjäger wie Mike und Eric haben tatsächlich einen beträchtlichen Beitrag zur Erforschung von heftigen Unwettern geleistet, indem sie Wissenschaftlern Fotos und Videoaufnahmen zur Verfügung stellten und damit diese Forschung durch Meteorologen erst möglich machten. Es gibt noch viel zu lernen über Stürme, aber Sturmjäger haben unser Verständnis und unser Vermögen, Vorhersagen und Warnungen zu machen, bereits verbessert. Dies stellt einen beträchtlichen Wert dar, da es Unglücksfälle verringern hilft, wenn heftige Stürme über besiedelten Gebieten niedergehen.

Abb. 1 NOAA-Satellitenbild, mit freundlicher Genehmigung des National Center for Atmospheric Research, Research Applications Library.

Abb. 2 Mit freundlicher Genehmigung des National Center for Atmospheric Research, Research Applications Library.

Abb. 3 Zeichnungen des Autors, zuerst veröffentlicht in C. A. Doswell, III, »Severe Convective Storms – An overview«, Meteorological Monographs (American Meteorological Society), Band 28, Nr. 50, 2001, S. 1–26.

Abb. 4, 5, 6 und 7 Zeichnungen des Autors und Joan Kimpels, zuerst veröffentlicht in einer Dia-Serie für Sturmbeobachter des NOAA.

GLOSSAR
FOTONACHWE
DANKSAGUNG

GLOSSAR

Abwind
Kleinräumige Luftsäule, die rasch in Richtung Boden absinkt, gewöhnlich von Niederschlag wie in einem Schauer oder Gewitter begleitet.

Abwind der Vorderflanke
Der Abwindbereich in Relation zum Wind in höheren Schichten, wo Niederschlag aus dem Gewitteramboss fällt, in der Regel vor dem Mesozyklon, im Unterschied zum rückseitigen Fallwind an der Hinterflanke.

Amboss
Der flache, sich ausbreitende obere Teil einer Cumulonimbus-Wolke, oft ambossförmig.

Arcuswolke
Tiefe, horizontale Wolkenformation aus Rollen- und Sockelwolken in Zusammenhang mit der Böenfront.

Aufwind
Ein begrenzter Strom aufsteigender Luft. Wenn die Luft feucht genug ist, kondensiert diese Feuchtigkeit und wird zu einer Kumuluswolke oder zu einem einzelnen Quellwolkenturm.

Biberschwanz
Ein besonderes Band einströmender Luft mit relativ breiter, flacher Ausdehnung, das an einen Biberschwanz erinnert. Er hängt am Aufwindbereich einer Superzelle und verläuft in etwa parallel zur Pseudo-Warmfront, also gewöhnlich von Ost nach West oder von Südost nach Nordwest. Wie bei jeder Einströmung ziehen Wolkenteile zum Aufwind, also nach Westen oder Nordwesten. Größe und Form ändern sich entsprechend der Stärke der einströmenden Luft.

Böenfront
Die Vorstoßkante böiger Oberflächenwinde aus dem Abwind im Gewitter, manchmal erkennbar an einer Sockel- oder Rollenwolke.

Böenwolke
Kleine, unregelmäßige und tief hängende Wolkenfetzen ohne Verbindung zu einem größeren Wolkensockel, oft mit und hinter Kaltfronten und Böenfronten von Gewittern zu sehen. Böenwolken stehen in der Regel mit kühler, feuchter Luft in Verbindung, wie sie aus Gewittern ausströmt.

Extratropischer Zyklon (ETZ)
Ein synoptikskaliger Zyklon (mit einer horizontalen Ausdehnung von etlichen Tausend Kilometern), der in der Regel Warm- und Kaltfronten mit jeweils polwärts und äquatorwärts ziehenden Luftströmungen enthält.

Gleichgewichtsniveau (GN)
Das Niveau, auf dem eine aufsteigende Luftmasse, die wärmer als die Umgebungsluft weiter unten gewesen ist, sich mit der Umgebungstemperatur ausgleicht.

Instabilität
Die Tendenz von Luftmassen, Tempo aufzunehmen, wenn sie aus ihrer bisherigen Position verdrängt werden; insbesondere die Tendenz, nach Anhebung schneller nach oben aufzusteigen. Instabilität ist eine Voraussetzung für Unwetter – je größer die Instabilität, desto höher das Potenzial für heftige Gewitter.

Koaleszenz
Wassertröpfchen treffen in einer Wolke zusammen und bilden Regentropfen.

Konvektion
Allgemein der Transport von Hitze und Feuchtigkeit durch Bewegung in einer Flüssigkeit. In der Meteorologie beschreibt der Begriff vertikalen Transport von Hitze und Feuchtigkeit, speziell durch Ab- und Aufwinde in instabiler Atmosphäre. Die Begriffe »Konvektion« und »Gewitter« werden oft wechselseitig verwendet, obwohl Gewitter nur eine Form von Konvektion darstellen.

Kumulus
Dieser Wolkentyp bildet sich über einer thermischen Strömung, die bei Schönwetter aus Bodennähe aufsteigt – gerade hoch genug, um Kondensation zu bilden, aber nicht instabil genug, um zu einem Sturm zu werden.

LP-Gewitter oder LP-Superzelle
Ein Superzellengewitter, charakterisiert durch relativ wenig sichtbaren Niederschlag. Im Aussehen einer klassischen Superzelle ähnlich, nur ohne den Kern mit starkem Niederschlag. LP-Gewitter (LP = low precipitation) zeigen oft eine auffallende Formation. Der Hauptturm hat häufig Glockenform und eine Rotation suggerierende Korkenzieherstruktur. Sie können zu Tornados und starkem Hagel führen. Die Radar-Identifikation ist im Vergleich zu anderen Superzellentypen oft schwierig, daher sind Sichtungen sehr wichtig. LP-Gewitter treten fast immer an oder bei der Trockenlinie auf und werden deshalb manchmal Trockenlinien-Gewitter genannt.

Luftmassengrenze
Hier speziell die mesoskalige Grenze, die vom Gewitter gekühlte Luft von der umgebenden Luft trennt; in der Wirkung einer Kaltfront gleich, wo der Übergang durch Winddrift und gewöhnlich einen Temperaturabfall spürbar ist. Luftmassengrenzen können noch 24 Stunden und länger nach Gewittern, die sie erzeugt haben, bestehen bleiben und Hunderte von Kilometern von ihrem Ursprungsbereich wegwandern. An ihnen bilden sich häufig neue Gewitter, besonders da, wo sie auf andere Luftmassengrenzen treffen (Kaltfront, Trockenlinie, eine weitere Luftmassengrenze etc.).

Mammatus
Glatte, kugelige und sackartige Ausstülpungen an der Unterseite einer Wolke (gewöhnlich einer Gewitterwolke).

Mesoskalig
Bezeichnet den Bereich atmosphärischer Phänomene zwischen der »synoptischen Skala« (Tausende von Kilometern in horizontaler Ausdehnung) und der »Mikroskala« (horizontale Ausdehnung um etwa zehn Kilometer), also im Allgemeinen Phänomene mit horizontaler Ausdehnung von Hunderten von Kilometern.

Mesozyklon
Ein Rotationsbereich mit Sturmstärke, üblicherweise mit einem Durchmesser von drei bis zehn Kilometern, oft in der rechten Hinterflanke einer Superzelle (oder auch an der östlichen oder vorderen Flanke eines HP-Gewitters mit starkem Niederschlag). Die Zirkulation eines Mesozyklons erfasst ein viel größeres Gebiet als der Tornado, der sich darin bilden kann.

NOAA
National Ozeanic and Atmospheric Administration (Wetterdienst der USA).

Rückseitiger Fallwind
Bereich trockener Luft, die sich an der Rückseite eines Mesozyklons absetzt und ihn umgibt. Er ist oft als klarer Spalt zu sehen, der die Mauerwolke umgibt.

Scherung
Variation der Windgeschwindigkeit und/oder der Richtung über kurze Distanz. Scherung bezieht sich gewöhnlich auf vertikale Windscherung, d. h. die Windänderung mit der Höhe, doch das Wort wird auch beim Doppler-Radar eingesetzt, um Veränderungen der Radialgeschwindigkeit über kurze horizontale Entfernungen zu beschreiben.

Superzelle
Ein Konvektionssturm mit einem tiefen, beständigen Mesozyklon.

Tornado
Eine heftig rotierende Luftsäule, deren Zirkulation bis zum Boden reicht. Er fängt fast immer als trichterförmige Wolkenausstülpung an und kann von einem lauten Grollen begleitet sein.

Trockenkeil
Ein Aufwallen trockenerer Luft, gewöhnlich ein synoptikskaliger oder mesoskaliger Prozess. Ein Trockenkeil an der Oberfläche ergibt eine Ausbuchtung der Trockenlinie. Ein Trockenkeil über tiefer liegenden feuchten Luftmassen erhöht meist das Potenzial für Unwetter.

Trockenlinie
Eine Grenze, die feuchte und trockene Luftmassen trennt, und ein wichtiger Faktor für die Unwetterhäufigkeit auf den Great Plains. Typischerweise verläuft sie im Frühling und Frühsommer von Norden nach Süden durch die mittleren und südlichen Staaten der Plains, wo sie feuchte Luft vom Golf von Mexiko (im Osten) von trockener Wüstenluft aus den südwestlichen Staaten (im Westen) trennt. Die Trockenlinie zieht gewöhnlich am Nachmittag nach Osten und in der Nacht zurück nach Westen.

Universal Time Coordinated (UTC)
Ein hochpräziser Standard für die Atomzeit.

Windhose
Ein Tornado, der nicht mit einem Mesozyklon in Verbindung steht.

FOTONACHWEIS

(für die nicht in den Sturmjagden enthaltenen Bilder)
Mike Hollingshead: 8, 10, 12, 14, 18, 66–73, 126 (außer re. u.), 127–129, 142–143, 176, 180, 181 (li. + re. u.), 182, 183, 185, 192
Eric Nguyen: 1, 2, 4, 24, 96–99, 126 (re. u.), 174, 181 (li. + re. o.), 188

DANKSAGUNG

Ich möchte den folgenden Personen für ihre Hilfe bei der Entstehung dieses Buchs Dank sagen: Ruby Quince für die Idee dazu und für all seine Anstrengungen und Eric Nguyen, dem besten Gewitterfotografen, den ich kennengelernt habe, für die Zusammenarbeit bei diesem Buch. Erics Tod ist sicher tragisch, doch sein Leben war es keinesfalls. Die Zusammenarbeit mit ihm war ein Glücksfall. Viele vermissen ihn, aber dieses Buch soll dafür sorgen, dass seine Bilder bleiben. Ich möchte auch Chuck Doswell für seine Beiträge und seine lieben Worte danken. Chuck ist nicht nur ein anerkannter Wissenschaftler, sondern auch ein namhafter Jäger. Amos Magliocco, dem engen Jägerfreund, danke ich für seine Beiträge zu diesem Buch. Von Amos habe ich bei unseren Online-Chats sicher das meiste über Vorhersagen gelernt. Außerdem möchte ich allen danken, die sich zu Jagdzielen, Fototipps und -tricks geäußert haben und die ich durch glückliche Zufälle treffen durfte. Diese Liste ist zu lang, um hier Platz zu finden, aber ich möchte Steve Peterson erwähnen, mit dem ich am meisten gejagt habe und den ich am besten kenne, Randy Chamberlain, der auch ein enger Jägerfreund ist, und Dean Cosgrove, den ich durchs Jagen kennengelernt habe.

Außerdem möchte ich noch Ryan McGinnis danken, einem großen Fotografen, der auf beliebten Internetseiten so oft Links zu meiner Startseite gesetzt hat. Nicht zu vergessen die vielen Besucher meiner Startseite, denen auch mein Dank gebührt. Genauso wie meinen Eltern, die nicht ausgeflippt sind und in mir keine Schuldgefühle wegen meines Hobbys ausgelöst haben. Last, but not least bedanke ich mich bei meinen Hunden (eigentlich denen meiner Eltern, aber ich bin ihr bester Freund), dass sie immer noch mit dem Schwanz wedeln, auch wenn ich sie einmal nicht ausführen konnte, weil ich auf Sturmjagd war.

Mike Hollingshead